永山則夫の罪と罰

せめて二十歳のその日まで

井口時男

コールサック社

永山則夫の罪と罰

——せめて二十歳のその日まで

目次

永山則夫の罪と罰

――せめて二十歳のその日まで

井口時男

俳句　句集『天來の獨樂』より

網走　永山則夫の故郷　七句　二〇一二年晩夏

＊永山は網走で生まれ育った。

晩夏光網走川はとろとろと

網走刑務所

刑務官ら破顔《わら》へり若き父親《ちち》なれば

網走港の帽子岩は永山則夫の「最初の記憶」だった。

網膜を灼《や》く帽子岩陰画《ネガ》の夏

はまなすにささやいてみる「ひ・と・ご・ろ・し」

永山則夫の出生地は「網走市呼人番外地」だった。

夏逝くや呼人《よびと》といふ名の無人駅

北の夏のビル解体を見てありぬ

昏《くら》く赤く晩夏の影絵となりて去る

横須賀　二句　二〇一三年初夏

＊永山は横須賀の米軍宿舎に盗みに入って拳銃を入手した。

軍港霖雨薔薇は交配繰り返し

軍港霖雨白痴の娘の乳房かなしき

明治神宮　二〇一三年初冬

＊明治神宮の森は永山の好きな場所だった。

落葉踏んで錆びた殺意を埋め戻す

句集『天來の獨樂』（深夜叢書社　二〇一五年十月十日刊）

板柳訪問

「群系」11号（一九九八年九月十日発行）
後に『暴力的な現在』（作品社　二〇〇六年九月二十日発行）に収録

駅から百メートルも離れていないそこに、それはあった。小ぎれいな町並みの一角に、そこだけ戦後の貧困がそのまま放置されたように、それは曇り空の下でひときわ暗くくすんでいた。

それは異様な建物だった。小さな家三軒分が横に並んだ大きな構造物だが、地べたからじかに生えたような薄い板壁が、すっぽりかぶさるトタン屋根の重みをかろうじて支えているだけの、それを構造と呼ぶならこれ以上単純な構造はありえないという建物だった。二階建てとはいっても、一階分はやっと人の背丈分あるかどうかといった高さにすぎないから、そのためなおさらひしゃげたように、つぶれかかったように、それは見えた。それが、永山則夫が六歳から十五歳まで、十年間暮らした「マーケット長屋」だった。

仕事で小樽に一泊した私は、その日、六月十九日、青森空港からタクシーで板柳町にやってきた。千歳空港で搭乗予定の日本エアシステムの飛行機が機械故障で出発が遅れ、その日のうちに東京に戻るつもりだった私は気が気でなかった。青森空港に着いたのが、予定より一時間半も遅れて午後二時二十分。いったんは当初の予定通り弘前行きのバスの乗車券を購ったものの、バスを使ったのではとても帰りの飛行機に間に合わないと判断して、タクシー乗り場で運転手にきいたら板柳まで四十分ぐらいだという。靄にかげった岩木山を遠くに眺めながら、リンゴ畑の散在する平野を縫って、板柳の駅に着いたのがちょうど三時。

迷いはあったが、やはりこの目で見ておきたかったのである。私はいままで、作家の生地やら故地やらを訪れたいと思ったことは一度もなかった。作家と私との関係は、書かれた言葉だけを介しての、禁欲的な、厳しくかつ自由な関係だ。だが、永山則夫は私にとってそういう意味での「作家」ではなかった。

前夜、佐木隆三の『死刑囚　永山則夫』を担当した編集者・三田さんから、五年ほど前に佐木氏が取材で訪れたときにはまだ昔のままの建物が残っていたらしいときいてはいたが、現にそれを目の前にできるとは信じられなかった。実際、板柳の町そのものはたいへんきれいに整備されていたので、駅の間近にこの長屋だけが放置されていること自体、ほとんど「奇跡」のようなものだった。

いや、こういう不正確ないい方はよくない。それは「放置」されているのではなく、現に何世帯もの人々によって住まわれているのであり、人がそこで暮らしているかぎり、それは「必要」によって残っているのだ。だが、この壊れかかった建物をそのまま残しておかねばならない社会的な「必要」とはなんだろう。

河出文庫版の『木橋』が唯一の私のガイドブックだった。小説「木橋」には作者手製の町の地図(といっても道案内の略図みたいなものだが)が載っている。たしかに地図に記されたと同じ位置に、二棟並んで「マーケット長屋」はあった。

小さな家三軒分と書いたが、「木橋」の記述によれば、それは一棟が「表」と「裏」に分割され、一、二階各六畳だったとあるから、かつては一棟に最大十世帯以上が住んでいたのかもしれない。いま、広い道路に接した端の一軒分には「たこやき・お好みやき」の看板が出ていた。「木橋」によれば、永山が十三歳の時にもここは飲み屋だったらしい。その隣は裏まで通り抜けられる細長い通路で、両側に便所のドアと思われる板扉が各六枚ずつ並んでいる。その隣の六畳分のスペースは、コンクリートの床がむき出しになっていて、二階の床も抜け落ちていた。一番奥（線路寄り）の一軒分は人が暮らしているらしかった。この一棟の背後に一回り小さい棟が並んでいて、両棟の間の狭い庭には自動車が三台とめてあり、私にはわからない植物を干したむしろが広げてあった。

「木橋」には、十三歳の永山一家は便所の隣に住んでいたとあるから、たぶん、いま完全に壊れている一、二階六畳分のスペースがそこなのだろうと見当をつけた。誰かに直接きいて確かめたいとも思ったが、そうすることははばかられた。地元で暮らす人々に対して私の好奇心を正当化するなんの資格も私にはなかった。

「東雲町」の広い道路を挟んでこの長屋の向かい側、永山がよくパス券をもらって無料で映画を見ていたという映画館は、いまはコンビニエンスストアになっていた。長屋の背後、材木屋があったはずの場所は草地になっていて、冷蔵庫だの古タイヤだのが乱雑に捨てられていた。長屋と線路との間、「木橋」の地図では「弘南バス車庫」と書いてある場所には小さな公園があった。私は誰もいない公園のベンチに腰を下ろして、向かいの長屋を眺めながら、たばこを吸い、文庫本の余白にいくつかのメモを記した。公園から長屋とは反対側に「板柳福音キリスト教会」の建物が見えた。

残り時間、私は文庫版『木橋』を片手に、駅からまっすぐ、その「木橋」に向かって町を歩いた。永山の地図は正確だった。駅から橋まで六百メートルくらいだろうか。駅前脇にはこれも古めかしい銭湯にしか見えない「板柳温泉」があり、途中、役場の前には役場の建物よりも大きく立派な「板柳町福祉センター」があった。朝からほとんど食べていなかったので、大衆食堂に立ち寄ってまるでうまくない冷やし中華を食っていたら、新聞配達のおばさんが夕刊を投げ込んでいった。三時四十分だった。

川は岩木川。橋は幡龍橋。木橋ではなくアーチ状の立派な鉄筋コンクリートの橋だった。「昭和54年6月竣工」と刻まれている。橋の彼方には、正面に高く岩木山がそびえていた。その構図も、「木橋」の挿し絵の一枚とまったく同じだった。

全長三百メートルはあるのではなかろうか。こちらの端から向こうの端まで歩いたら四分かかった。川幅そのものは二十メートルぐらいなのだが、大きく河川敷をまたぐ格好で渡してある。ことに対岸の河川敷が広くて、見下ろすとそこはリンゴ畑にもなっていた。「木橋」に描かれた永山中学一年の秋の洪水では、ここのリンゴ畑も水没したのだったな、と思い出した。橋を渡りきったそこからはもう弘前市だった。

蒸し暑かった。前日の小樽での仕事がフォーマルな性質のものだったので上着を着込んでいた私は、汗だくになっていた。再び長屋前の公園に戻って休んでいたら、さっきと同じおばさんが奥の並びの長屋の手前の一軒に夕刊を置いていった。不思議な気がした。

中学一年の永山は、いつものように夕刊の配達に行こうとして木橋を揺るがす濁流を見たのだった。新聞配達少年たちはいつも三時過ぎにこの橋を行き来するが、その日は洪水で通行止めのため、三十分以上も「木橋に当たる濁流を見て過ごした」とあるから、私は、期せずして、十三歳の永山則夫とほぼ同じ時間に、あの橋から、岩木川の、今日はおだやかな深い碧の流れを見下ろし、岩木山の山容を望んだことになる。

自転車に二人乗りした高校生らしい男の子たちがけたけたと甲高く笑いながら長屋の前を走り抜けたのを見て、私も立ち上がった。青森空港から乗った個人タクシーが帰りも空港まで運んでくれることになっていた。待ち時間は計算に入れず、料金も大幅に負けてくれるというので喜んで申し出に応じたのである。約束は四時半に駅前。小さな駅舎には、一時間に一本の通学列車を待つ女子高生が十数人、ひどくおとなしく腰を下ろしていた。

帰りの車内では、運転手に問われるままに永山の話をした。田舎のタクシー運転手はずいぶん暇な時間があるので、よく本を読むのだという。面白い本があると運転手同士で情報交換したり貸し借りしたりもするという。永山のものも読みたいというので、『無知の涙』と『捨て子ごっこ』を紹介した。


（一九九八年六月二十一日）

永山則夫著『木橋』書評

一九八四年十月一日号　日本読書新聞

「木橋」では初めに、生い育った町の地理が克明に描写される。少年時の追憶を喚起しようとする者のたましいが、まず、少年の自分を包みこんでいた土地を経めぐって地霊を呼び出そうとする儀式であるかのようである。青森県のある田舎町の、川と道路と鉄道が作る構成が記述され、商店街の位置が、商店街の店々が、スーパーマーケット、衣服店、郵便局、書店、電気器具兼レコード店、オモチャ屋、下駄屋、タクシー営業所……というふうに一軒一軒その名を報告される。だが、それは結局、道案内のための一枚の地図のようなものにしかならない。

少年時、ひとは環境との一体感を生きている。少年の経験は、環境において形成され、環境に附着して心の中に沈澱する。だから、家族を思い出すことは生活した家を思い出すことであり、幼い仲間たちを思い出すことは、ともに遊びまわった土地を思い出すことである。たぶん、いま子供たちはそのようにして、アスファルトの道路やコンクリートの公園との一体感を生きているのだろう。何かしら目に見えぬ未聞の異和が彼らを侵蝕しつつあるのかもしれないのだが、とりあえず、それがごく普通の、ひとの「幸福」の形なのだから、そして、そこに環境と一体化した経験がある限り、アスファルトの道路やコンクリートの公園にも、ひとそれぞれの地霊を呼び出すことはできるであろう。

永山則夫は結局、一枚の不完全な地図しか作れなかった。それが、外界と隔絶された拘置所の中での、おそらくは心を絞るような思いの果てに手にすることのできた唯一の少年時の経験の形だったところに、永山の想像を絶した「不幸」がある。永山の地図作りがどんなに精緻を極めても、地図からは、心を慰撫するひとかけらの地霊さえ甦ることはないだろう。永山の内なる「N少年」は、慰撫されることなく、いつまでも環境との索漠とした異和を噛みしめて佇っている。

たとえ不完全であるにせよ、地図を作ろうとする試みは、環境と和解し、疎隔をこちらから埋めようとする営為である。和解の試みが最後に表出せざるをえなかった異和と、「N少年」への時に手放しなまでの自愛の表出とは、きわやかな対照を示している。仕方ないのだ、と思う。和解はそう簡単にできはしないのだから。

私は永山則夫の言葉に関心を持ちつづけてきた。言葉に、というよりも、言葉の形に関心を持ちつづけてきた。

「木橋」の表出が、環境というすんなりとは呑みこめないものを無理矢理呑みこもうとして、そのあげく、環境への異和と自己愛との二極に分裂するしかなかったように、永山則夫の言葉たちも、いつでも、ある分裂を強いられているようであった。それは、言葉という呑みこめないものを無理矢理呑みこもうとして、言葉そのものへの親和と異和とに無残に引き裂かれた姿のように見えた。永山の言葉たちは、生きものとしてのひとが初めて言葉という〝異物〟と出会うときの（あるいは思春期と呼ばれる季節に二度目に出会うときの）、誰もが通過し、誰もが忘れてしまった、ささやかな、しかし激烈であったはずの葛藤のドラマを、拡大して演じて見せてくれているように思ったのである。

だが、単行本化された「木橋」を読んで、雑誌初出時の本文にくらべて異物感がうすれ、ずいぶん読みやすくなっていることに驚いた。作者のあとがきによれば、編集者の指摘によって書き改めたのだそうである。永山則夫はいま、言葉と和解しつつあるのだと思った。言葉との和解はやがて、環境との異和にも何らかの変容をもたらすことだろう。それはよいことであるにちがいない。

環境も言葉も、ほんとうは異物なのだ。それは、自己というものがそもそも自分にとっての異物として生まれるものだからである。「N少年」を押しつぶしたすさまじい貧困も、「金の卵」と呼ばれた集団就職少年たちの物語も、いまでは遠い昔のことのようになってしまったが、ひとが異物としての環境と出会い、異物としての言葉と出会い、異物としての自己と出会い、そしてそれぞれに和解していくドラマ自体に終わりはあるまい。その無意識なドラマの中で、ふと眼覚めてしまった人々にとって、永山則夫の言葉たちはいつまでも貴重な証言でありつづけるはずである。

「木橋」は中学一年生頃までの痛切な生い立ちの記として昨年の新日本文学賞を受賞した作品。ほかに、集団就職後の日雇い生活時代を描いた「土堤」、出生の地網走への愛憎を綴った「なぜか、アバシリ」、荷役仕事の心情を長編詩の形で述べた「螺線」を収める。作者自身の数葉の挿画もある。読むべき一冊である。

作家の誕生――永山則夫論

「早稲田文学」一九八八年二月号
後に『悪文の初志』（講談社　一九九三年十一月二十九日発行）に収録

一

一九六九年四月、十九歳の〝連続射殺魔〟永山則夫は逮捕された。そのとき押収された『社会科用語字典』の余白には、次のように記されていたという。これは、前年秋、第二の犯行後、北海道に逃げた折に携えていたものらしい。

「わたしの故郷で消える覚悟で帰ったが、死ねずして函館行きのドン行に乗る。どうしてさまよったかわからない。わたしは生きる。せめて二十才のその日まで。罪を、最悪の罪を犯しても、せめて残された日々を満たされなかった金で生きると決めた。母よ、わたしの兄弟、兄、姉、妹よ、許しを乞わぬがわたしは生きる。寒い北国の最後を、最後のと思われる短い秋で、わたしはそう決める」

〝少年〟と呼ばれうる最後の短い季節がある。その季節にのみ許された感傷とヒロイズムが一度限りの抒情の中に結晶して、傷ついた自己愛を綴っている。この恐らくは遺書のつもりであったろう走り書きは感動的だった。永山が犯行前に読んでいたとうかがわれる石川啄木の短歌にも似て、これらの言葉は極めて素朴に読者の胸に働きかけ、小さいが、決して消えることのない傷を彫りつける。それはまさしく、集団就職を間近に控えた中学生がナイフで机に刻む言葉のようだった。

それにしても、死を覚悟しての逃避行の中でさえ『用語字典』を携行していたというこのエピソードは、それ自体で、この少年が何から排除され、何を渇仰していたかということを、如実に伝えてくれる。

彼の獄中ノートを集成した最初の著書は、著者自身の断固たる主張によって、『無知の涙』と題された。その表題は、「学問の卒業時点とは、敵となるか否かにかかわらず、マルクス経済学を理解することにある」という永山の認識に由来する。マルクス経済学は、彼を犯行へと追いやった悲惨な境遇の社会的原因を解明してくれた。それによって彼は、自分が殺したのが同じ階級に属する仲間だったことを知った。いま初めて彼は、無知ゆえの己れの犯行を思って痛恨の涙を流す。同時にその涙は、真正の知に目覚めた回心を歓ぶ涙でもある——この表題にはおよそ以上のような意味がこめられている。だが、永山にとって最初の「知」は、「社会科」であるとともに、言葉（用語）と文字＝漢字（字典）の姿をしていたことに注目したい。永山は「知」の階層制の頂点と信じるところにまで一息に駆け上ろうとするのだが、私はその第一歩にこだわりたいのである。

『無知の涙』（合同出版）の表紙には永山則夫の獄中ノートのページがそのまま印刷されていて、それを見ると、詩のような、あるいは冥い想念の断片のような言葉が行分けで記されているその余白が、びっしりと漢字練習のために黒く埋め尽くされていることに驚くのだが、永山の獄中での「学習」は、国語辞典を喰い破るようなすさまじい漢字書き取りから始まったのだった。極貧の生い立ちによって奪われていた「知」というものを自己の内側に奪取しようとした永山にとって、日本語における「知」とは、何よりもあのいかめしく呪術的な権威に充ちた図像＝漢字だったのである。そしてそこに反復練習される漢字が、ある勁い意思でもって選び取られた語彙であることは、たとえばそこにならぶのが、仰ぐ・吐息・垢染みる・敢無い・苦痛・訴える・齷齪・余儀無く……等々であることから明らかだろう。

それは決してかな文字ではなく、漢字でなければならなかった。屈辱と憤怒にまみれた彼の生存の情意の一つ一つに、堅固な形を与える呪物でなければならなかった。己れの肉片を抉り取るように一字を書き付け、その一字に自分の生存の奇怪な形を見るように凝視しつづけ、その異様なものを無理矢理呑み下そうとするように鉛筆の尖で幾度も繰り返し書き付けている、そんな永山の丸めた背中を思い浮べるたびに、私は鈍く重たい衝撃を覚える。

獄中で貸与されるノートには使用心得書が貼付されていて、そこには、余白は習字などに使うことという一項がちゃんと盛り込まれているのだそうだ。なるほど権力は「教育」の何たるかを心得ている。いや、「権力」などと言うのはよそう。「教育」は市民社会の善意にみちたイデオロギーなのだから。永山はその使用心得を忠実に履行する。というよりも彼は過剰に履行するのだ。その過剰さがどんなに危険なものか、凡庸な善意の側には理解できない。いや、むしろ永山自身にさえ自覚できない性質の危険だったというべきか。いわば、永山は〝漢字の魔〟に憑かれてしまうのだ。

「山」も「川」も「木」も、自然物の似姿だと教わった日の不思議な心のときめきを、誰でも覚えているだろう。自然物の形が揺らぎ崩れていつのまにか文字へと変容する。それと感応するかのように、幼な心も揺らぎ崩れて昂ぶるのだった。あれは、子供心のアニミズムが、漢字という呪具に宿るアニミズムと思いがけず邂逅した歓びの揺らぎだったのかもしれない。似姿には霊が宿る。

しかし、卜占の具として生まれた漢字は、子供の無邪気なアニミズムの玩具であるにとどまらない。それは王の神威を定着する呪物であった。この似姿に宿る霊は、神聖王を頂点とする呪的な階層の中に序列化している。

もちろん、いまさら漢字を綴りながら、いちいちその呪的起源に思いを致すわけではないが、それでもたとえば、「道」などというありふれた文字を眺めてさえ、なぜここに「首」が必要なのかと、それこそ首をひねるようなことは誰にもあるし、異様に画数の多い字の、交錯する横棒縦棒、点や斜線や撥ねまで付いた摩訶不思議な形状を前にして、まことにこれは呪物なのだ、とても安易に記憶したり使いこなしたりはできないのだと、おそれいった経験も、誰にもあろうというものだ。

白川静によれば、「文」は人の胸部に文身（いれずみ）を加えた形。文身は加入儀礼の習俗だった。また、「字」は家廟の中に子の立つ形。子を家族の新しい成員として祖霊に報告する儀式を象ったという。なるほど「文字」は加入儀礼なのである。子供を家族共同体から引き剝がして公教育の場に編入させる際の第一の試練が、いまだに文字の習得であるのはそのためか、などとおかしな納得をしたりもする。

さて、ふつう私たちの漢字学習は、長い歳月をかけて学校教育の中で行なわれる。そこでは、象形文字だけがもつ図像の呪的な力を長年の慣れ親しみの結果忘れてしまうことが、漢字を単なる表記用の記号として自在に使いこなせるようになるための条件である。「道」という字を書きながら、そのつど、敵の首級を先頭に提げて邪霊を祓いつつ行軍する古代人の姿など思い浮かべてはいられまい。では、呪術的起源を忘却するとき、漢字はすべてのアウラを喪失するのかというと、そうでもない。

文字記号としての漢字は、象形文字が表音的に流用されたときに始まる。つまり正確には、漢字は象形文字ではなく、表意文字（表意記号としての性質を保持したまま、表音機能も持つ文字）である。「意」とは意味、ロゴスであって、漢字が表意文字だということは、そこに「知」が凝固しているということだ。原始の象形文字の呪物性は、知（ロゴス）の形象化した呪物性へと転位した。しかもその上、わが国の近代では、西洋的な権威ある知の翻訳語としての役割も、漢字漢語が担ったのであった。いっしょうけんめい漢字書き取りに励む小学生たちは、知（ロゴス）の世界に加入する階梯を上ろうとしているのである。

あるいはこんなふうにも言えそうだ。私たち日本人は、漢字に出会ったとき初めて、知というものが茫漠とした広がりではなく、一個一個の煉瓦を積み重ねた構築物であるという具体的なイメージを持つのだ。そして、煉瓦を一つずつ自分の所有にしていけば、いつかその巨大な構築物の全体を自分のものにできるという信憑を持つのだ、と。

子供が一個ずつ漢字を覚えていくとき、子供は漢字という形に結晶した知の断片を一つずつ呑み下している。ゆっくりと長い時間をかけて行なわれるその学習は、ふつう自然な過程であるかのごとく装ってはいるが、ほんとうは子供にとって、煉瓦のかけらを呑み込むような暴力的な事態だったのではなかろうか。学習の自然さを維持するに必要な時間を、何十分の一、何百分の一に圧縮して強行された永山の過剰な独学ぶりを見ていると、そんな思いを抱かざるをえない。

二

漢字という知の凝集体との暴力的な出会いがもたらした傷は、永山の不、自、然な用字法に痕跡をとどめる。それは誤字とか脱字とかいうことではない。永山は漢字を使い過ぎてしまうのだ。『無知の涙』の一節（一九六九年八月二十八日）から三箇所ほど断片的に引用してみる。（ ）内は、「誤字はなるべくそのまま（注をおくこと）」という著者の要望に従って編集部が付した永山のノート原文の用字である。

「理想主義者は、凡ての面にお（置）き、過激且つ表面化しない場合に限り大賛（讃）成するが、兎角、人間は愚劣漢が多数なものである、ゆえに、表面化且つ過激化が発生する訳であるが、一家庭内に、一個乃至複数それ等が在って人間社会に進出する。」

「枝には葉が附属品であるが、葉は生死が著しく激しい物である。が、大樹にはこれにより（寄）て妨げられるものでは無く、全然と断言して良い程差支えなく、嫣然としたものである。」

「時には理想を持たせられ、ロボット化される現実主義者は人間であ（在）るからこそ行い得るのであ（在）ってその他の何者でもないのである。現実主義者は偽り行為をいと（意図）簡単に行う。」

私たちの漢字かなまじり文に〝原則〟というほどの強い規範性があるわけではないが、一般に、時枝誠記いうところの名詞、動詞、形容詞などの「詞」は漢字に、助詞、助動詞などの「辞」はかなにするのがふつうだろう。「詞」と「辞」を区別するのは、時枝に従えば「概念過程」を含むか否かである。すると、もしも永山の「に置き」「に寄て」「では無く」「で在る」などの漢字の宛て方の過剰さに、無意識の選択意志のようなものが働いているとすれば、それは概念化への意志とでも呼ぶべき性質のものではなかろうか。彼は、自身の陳述や判断のすべてを、あやふやな主観を超えた堅固な論理世界の客観物であるかのように取り出したいのだ。ひらがなの漂わすあいまいな情緒を抑圧したいのだ。そして、その意志の背後をさらに透かし窺えば、そこには、概念の物質化である漢字の呪的な牽引力が見えてくる。永山を牽くのは確かに〝漢字の魔〟だが、それは象形文字としての、ではなく、表意文字としての、ロゴスが発するアウラである。

ここに引用した永山の文章は、『文章読本』なら悪文の見本にされてしまうだろう。けれどもこれが、幼ない思考が初めて抽象概念を手にして、論理を抽象的に追跡する不慣れな作業を開始するとき、誰でも陥りがちな一つの典型なのだということに注意したい。言葉はまだ想念の微細な襞に分け入るほどの柔軟さを持たず、思考の当体をうまく言い当てられないそのもどかしさがいっそう生硬な概念語を欲してしまう。そして、とりあえず書き記したその概念語（漢字）のしかつめらしい顔つきによって思考は一応の満足感を得るが、ほんとうは、思考のエロスともいうべき固有の内実をロゴス（漢字）の暴力が押しひしいでしまっただけであることに、彼は気がつかない、という次第である。

知的概念が日常語と断絶しているこの国の知識人なら、一度ぐらいは永山的な文章を書いてしまった経験があるはずだろう。たぶん、中国産の漢字を用い始めて以来（つまり知識階級なるものが発生して以来）ずっと事情は変わっていないのだろうが、身体的な感覚に馴染んだ日常語（ひらがな）をいったん否定することが、知（漢字）の世界への第一の加入儀礼なのである。永山則夫はその意味で、少々大げさだが、千数百年に及ぶ日本知識人の運命を（あるいは百年に及ぶ近代日本知識人の運命を）数カ月で歩こうとしたのだということもできよう。そのほとんど不可能な蛮行に賭ける彼の過剰な意志が、漢字の過剰な専制支配、ひらがなへの過剰な抑圧になったのだと、私には思われるのである。

ところで、数ある『文章読本』の中でも、永山的文章（生硬な概念に頼った知識人的文章という意味で）を真向から否定し、それを否定することが中心主題であるというようなおもむきの『文章読本』は、谷崎潤一郎のものだった。昭和九年に発表されたこの文章は、前年の『陰翳礼讃』と同じく、日本的近代の超克というモチーフを隠しているのだが、谷崎はそこで、欧文脈に毒された翻訳文体や難解生硬な学術用語がいかに日本語の文章を損なうかを説き、「自分の国の国語を以て発表するのに不向きなやうな学問は、結局借り物の学問であつて、ほんたうに自分の国のものとは云へない」とまで言い切っている。その一方で、彼が繰り返し強調するのは、「感覚と云ふものは、一定の錬磨を経た後には、各人が同一の対象に対して同様に感じるやうに作られてゐる」ということ、一言で言えば、伝統的な言語共同体との融和の大切さである。また谷崎は翻訳漢熟語の不快さを述べる一方で、「詩《ニ》云《ク》。緡蠻《タル》黄鳥止《ルト》二于丘隅《ニ》一。」云々」の『大学』の一節に触れて、漢字の魅力も説いている。「緡蠻《めんばん》」という文字の意味はわからずともよい、ただ幾度も読み返すうちに、そのひびき、その漢字の図像が、心内にある情緒を形成するだろう、その情緒を味わえばよいのだ、と谷崎は言う。谷崎の場合、漢字の意味（ロゴス）は後景に退き、その図像としての美（エロス）が前景に押し出されてくる。漢字の呪力は、ここでは、エロティックにうねるかな文字と感応すべき複雑な図像のエロスに変容しているのである。谷崎の文章論は、概念的構築をゆるやかな抱擁の中でエロスと情緒に溶融させてしまおうとする。それはこの国の美意識の深層を見事に言い当てている。

『無知の涙』の永山則夫は、谷崎的な文章の王国、言葉のエロス的共同体の対極にいる。もちろん、永山は文章というものについてほとんど何事をも自覚してはいなかった。ただ彼自身の生い立ちと彼自身の犯行とに追いつめられた激烈な意志が、彼をそんな場所に押し出しただけである。けれども、その無意識の姿勢に佇つ限り、彼は、融和を誘うエロス的共同体と衝突しつづけなければならない。

煉瓦のかけらを呑み下すようにして彼が漢字を一字ずつ覚えるとき、彼は実は、独房の中で改めて苛烈な暴力を呑み込むことになったのだが、彼はそのことに気づかなかった。その暴力は抽象的なロゴスの暴力であり、その暴力の対象は、エロス的な共同体、つまりは風土、さらには彼自身の身体にほかならない。

『無知の涙』に収められた文章群は際立った分裂状態を呈している。片方には、一切の情緒を扼殺して、社会科学的な概念語が乾いた軋み音を上げるエッセイの文章があり、もう片方には多くの行分け詩がある。詩の中では永山は、かなり率直に自分の感情を解放しているかに見える。けれどもその詩篇たちもやはり、社会に対する憎悪と呪詛をかたくなに叩きつける詩と、歌謡曲の歌詞のような紋切り型に身をあずけて感傷的な自己慰撫を歌う詩とに引き裂かれている。彼は、論理と呪詛と自己愛とを統合するための言葉の座を見出せないのである。

永山の最初の獄中ノートの扉には、次のように記されている。

私は四人の人々を殺して勾留されている一人の囚人である。
殺しの事は忘却は出来ないであろう一生涯。
しかしこのノートに書く内容は、なるべくそれに触れたく無い。

何故かと言えば、それを思い出すと、このノートは不要に成るから……。

「それ」を回避することで、彼はかろうじて言葉につながろうとした。「それ」に直接指触れようとすれば、「それ」は言葉を滅ぼしてしまう、と彼は知っていたからである。実際、不意に甦る「それ」によってノートの言葉が破片のように分解してしまう場面も幾つもある。しかし、「それ」を回避する限り、彼の言葉はいつまでも分裂を統合できないだろう。この矛盾の悪循環を断ち切ろうとして永山はますます抽象的で一般的なロゴス（漢字）の力にすがろうとする。それは知への上昇のドラマであるはずだが、同時に、一つの魂のいたましい惨劇とも見えてしまうのだ。この無自覚な惨劇の過程をどう自覚し、それが逃れようのない事態であったのなら、それを生存を賭けた武器にまでどう思想化できるか。エロスから剝離した永山則夫の自己回復というものがもしあり得るなら、それはそのような迂路を辿ってしかなされないはずである。

三

江藤淳は「自己、その生と死と永生と」と題された講演（『批評家の気儘な散歩』所収）の中で、永山則夫の事件に触れている。それは〝連続射殺魔〟が逮捕されたわずか数日後の講演だが、そこで江藤は次のような意味のことを述べている。——この少年も疎外された人間である。疎外というのは社会からの疎外ということでもあるが、根本的な疎外は「自分が自分の生命を生きていないという感覚」なのだ。だから、この少年はやがて、社会が変われば自分のような犯罪者はいなくなると考えるようになるかもしれないが、ほんとうは違う。われわれは、自分が自分を超えた大きな世界に抱かれているという感覚（永生の感覚）の中でしか救われない。この少年がもしもピストルの代わりに「ことば」を持っていたなら、彼は閉ざされた内面と大きな世界とを結ぶ「一つの仮構の輪」（物語）をつくり出せたかもしれないのに、と。

江藤淳は正しい。だが、あまりにも普遍的に正しいのだと言おうか。実際、獄中の永山は「学習」の中から社会変革を構想した。そしてやがて小説を書き出した。彼は「ことば」を獲得し始めたのである。その「ことば」の力はいつか、江藤淳の予言するとおり、彼を包む大きな世界（江藤淳は〝連続射殺魔〟の行動に、「母性」的なるものへの無意識な願望の在ることを指摘している）との融和へと彼を連れて行くことになるのかもしれない。だが、道ははるかに遠いのだし、永山の場合、いつ不意に途絶するかもわからないのだ。それに私は、死刑囚を前にした教誨師のように語ることを好まない。

私たちの永山則夫はまだ獄中ノートの中にいる。彼はそこで、大きな世界（母なるもの）との融和を拒否しつづけている。むしろ永山則夫は、融和を拒否する憎悪の凄まじさにおいてこそ衝撃的なのだ。

既に示唆したとおり、永山則夫は近代知識人の運命を極限的な形で、しかも決定的に遅れて、拡大しているとしても見ることができる。普遍的な真理としての知（ロゴス）への意志もそうだが、書物だけを相手にして永山がその孤独な思考を紡ぐ「独房」も、近代知識人がそれぞれに創出した意識の「独房」の物質化とも見られよう。そしてそもそも永山は、集団就職者、すなわち出郷者だった。

近代知識人たちは、彼が実際に地方からの上京者であればもちろん、たとえ東京生まれであったとしても、西洋的な知へと上昇することで象徴的な母（風土）殺しの原罪を負っていた。その原罪意識が、昭和十年前後のいわゆる「近代の超克」「日本回帰」の現象の中でどう作用したかについては、私たちはよく知っている。

出郷あるいは故郷喪失という問題は、戦後、一九六〇年代の高度成長期に再びより大規模に、よりドラスティックな社会現象として展開した。「金の卵」と呼ばれた集団就職少年たちは、その大量出郷の底辺を構成している。そうした状況にあって、母殺しの原罪意識を、昭和十年代とは違う形でどう思想化するかは、知識人たちの切実な課題の一つだったはずである。「〝母〟の崩壊」と副題された江藤淳の『成熟と喪失』も、その課題への一つの回答の試みだったのだが、ここでは寺山修司の場合について、簡略に素描してみる。

寺山の『家出のすすめ』（一九六三年）は、積極的な出郷のすすめ、母（風土）からの脱出、自立のすすめであるが、それが単純な近代主義と違うのは、たとえば次のような言葉に集約されている。彼は西条八十の童謡を引いてこんなふうに言う。

「幻の母」のイメージが、実在の母をこえてゆくとき、「家」という小さな集合体を血族の檻《おり》と考えずにすむようになるのではないでしょうか！

そして、母とは常に幻でしかなかったことを、おもいだしてみてください！

彼は、実在の母（風土）を殺せとすすめているのである。それだけが普遍的な「幻の母（風土）」を蘇らせる唯一の方法である、と。実在の風土（寺山の場合なら青森県の彼の故郷）が列島全体に資本と工業化が進展する中で滅びてゆくのは、出郷者個人の責任ではない。だが、被害の意識に佇つ限り、彼の内部には、都市の恵沢を享受しつつも、母の殺害者である都市へのルサンチマンと、自分は瀕死の母を見捨てたのだという罪障感が残ってしまう。そのルサンチマンと罪障感が、逆にいつまでも、出郷者を非在の故郷につなぎとめる。寺山の母殺しのすすめは、被害と罪障の意識からの訣別のすすめである。被害を主体的な選択として把え直すことで自分を小さな故郷の拘束から解放しろ、と言うのだ。その自由はもちろん想像力の自由である。寺山は実際に、瀕死の母を短歌の中で殺しもした。

母なるもの、故郷なるもの、風土なるものは、寺山修司の表現の中心を構成するが、それはすべて、いったん想像力の中での母殺しを経た後の虚構である。もちろん「母」が幻でしかないのなら、「母」を起源とするこの「私」もまた幻でしかない。それが寺山の想像力と自己劇化の自由を保障する根拠である。「幻の母」を江藤淳の言う「永生の感覚」に置きかえることもできよう。寺山修司は確かに、私はピストルの代わりに言葉を持った永山則夫だ、と言う資格を持っている。

青森県での生い立ち、貧困、母子家庭、家出、上京、密航の企て——寺山修司は〝連続射殺魔〟の少年にもう一人の自分を見出し、内なる「永山則夫」に語りかけるように幾つかの文章を綴った。そして、一九七六年の年末に発表したエッセイ「永山則夫の犯罪」が永山の眼に触れ、激怒した永山は尨大な『反—寺山修司論』（一九七七年）を書いて反論した。

寺山のエッセイの主旨は、被害者意識から自由になれ、ということに尽きている。永山の「唯物弁証法」は、ただ自分を被害者意識の中に囲い込むばかりだ、それを捨てない限り彼は主体を取りもどせない、と寺山は言うのである。ロゴスの専制支配を放棄して自分自身のエロスを回復せよ、と言いかえてもかまうまい。

これに対する永山の長大な反駁の主旨は当然、寺山はブルジョワ文化人としての自分自身の犯罪性を反省せよ、ということになるのだが、興味深いのはむしろ、その反駁の論法である。

寺山のエッセイは青森の謎々遊びの引用から始まっているのだが、永山はその遊びを知らないという。そして寺山がこんな切り出し方をするのはなんのためか、回答せよと問う。また、寺山のエッセイは「さらば、津軽」と題された連載の第二回目なのだが、寺山が生まれた三沢市は「南部」であって「津軽」ではないはずだ、これは意図あってする虚偽にちがいない、と断言する。

永山が理解できないのは、というよりも、理解することを徹底的に拒むのは、「虚構」という戦略である。だから永山は、永山自身をも捲き込もうとする寺山の「虚構」の風土に対して、俺は違う、俺はそうではなかった、というふうに、自分の生の誰とも共有不可能な固有の「事実」を言い立てなければならないのだ。そして永山が、これこそ寺山と自分とを隔てる決定的な違いだと強調するのは、寺山の母親は息子を大学に入れるほど愛してくれたが、永山の母親は子供を捨てたのだという「事実」、「寺山は母にエディプス・コンプレックスを感じたが、永山は母親アレルギーを感じた――という決定的な母親観の相違」である。寺山が「ふるさと」まとめて花一匁」という童謡に複雑な愛憎を反語化して託すにしても、自分はその「ふるさと」に捨てられたのだ、と永山は言いたいのである。

二人の対立は、「虚構」と「事実」をめぐる思想的な対立だと読みかえられる。「虚構」の風土と「事実」としての風土、「虚構」の母と「事実」としての母。それゆえ、永山の反論を読んだ寺山は、「永山が、虚構の原基である裁判に、何を期待しているのか私は知らぬが、いずれにしても『事実』という名の幻想などは早く捨てた方がよい。虚構に勝つために必要なのは、虚構による戦略である」と記し、それに対して永山は、「この尊大な『戦略』様よな！　デマに勝つのは事実しかないとするのが貧しい者のやり方だ」と再反論するのである。

永山の激しい憤怒も呪詛も、この改変不可能な絶対的「事実」に根拠を置いている。彼自身は、「事実」を「階級的真実」というような意味で用いたいのかもしれないが、彼の過剰な固執ぶりは、そのようなロゴスへの一般化を踏み破っているように見える。私は、永山の「虚構」を許さぬ「事実」という思想が、母親（風土）からの剝離体験と深く結びついていることを興味深く思うのである。

少年時、ひとは環境との一体感を生きている。少年の経験は環境において形成され、環境に附着して心の中に沈澱する。風土とは、そのようにして少年の身体的なエロスの記憶が塗り籠められた時空、つまりは物語化した自然のことである。とすれば、永山は風土から剥離したとき、物語からも剥離したのだ。つまり、異物と化した環境を宥めるためのことばからも剥離したのである。「事実」とはその剥離の感触のことではないのか。荒涼とした物質の中でとつぜん目覚めてしまった赤ん坊のような、ことばにならぬおそろしい感触のことではないのか。私はそう思う。そう考えなければ、「虚構」に対する激しい苛立ちも、「事実」に対する過剰なこだわりも、ほんとうは理解できない。

四

永山則夫は一九八三年『木橋』で第十九回新日本文学賞を受賞した。「事実」を言葉に移しかえる作業を始めたのである。『木橋』が他の短篇とともに単行本化されたとき、私は短い書評を書いた。私の文章は、獄中からデビューした〝新人作家〟を遇するには、紹介文としてあまりに不親切だったかもしれない。私はあらすじの紹介もしなければ、著者が〝連続射殺魔〟であることにすら触れなかったのだ。私はただ自分の関心に引き寄せて読んだ。その関心の方向がどんなものであるかは、ここまで書いてきたとおりである。いま、三年前（一九八四年）のその書評を読み返してみて、少しも変更する必要を認めない。以下、そのまま書き写そう。ただし、一部の表現は既に書いたことと重複するので省略する。

単行本『木橋』には、永山自身が描いた数葉の挿画が載っていて、それは新聞配達で毎朝渡った木橋であったり、浜辺に見捨てられた小舟であったり、少年時飼っていたハトであったり、姉の水子を埋葬した墓石代わりの漬物石であったり、要するに少年時の記憶の中から拾い出してきたささやかな物たちなのだが、その最初に、舞台となる小さな町の地図がある。私の書評はそれを踏まえている。

《「木橋」では初めに、生い育った町の地理が克明に描写される。少年時の追憶を喚起しようとする者のたましいが、まず、少年の自分を包みこんでいた土地を経めぐって地霊を呼び出そうとする儀式であるかのようである。青森県のある田舎町の、川と道路と鉄道が作る構成が記述され、商店街の位置が、商店街の店々が、スーパーマーケット、衣服店、郵便局、書店、電気器具兼レコード店、オモチャ屋、下駄屋、タクシー営業所……というふうに一軒一軒その名を報告される。だが、それは結局、道案内のための一枚の地図のようなものにしかならない。

（略）

永山則夫は結局、一枚の不完全な地図しか作れなかった。それが、外界と隔絶された獄舎の中での、おそらくは心を絞るような思いの果てに手にすることのできた唯一の少年時の経験の形だったところに、永山の想像を絶した「不幸」がある。永山の地図作りがどんなに精緻を極めても、地図からは、心を慰撫するひとかけらの地霊さえ甦ることはないだろう。永山の内なる「N少年」は、慰撫されることなく、いつまでも環境との索漠とした異和を噛みしめて佇っている。

たとえ不完全であるにせよ、地図を作ろうとする試みは、環境と和解し、疎隔をこちらから埋めようとする営為である。和解の試みが最後に表出せざるをえなかった異和と、「N少年」への時に手放しなまでの自愛の表出とは、きわやかな対照を示している。仕方ないのだ、と思う。和解はそう簡単にできはしないのだから。

私は永山則夫の言葉に関心を持ちつづけてきた。言葉に、というよりも、言葉の形に関心を持ちつづけてきた。

『木橋』の表出が、環境というすんなりとは呑みこめないものを無理矢理呑みこもうとして、そのあげく、環境への異和と自己愛との二極に分裂するしかなかったように、永山則夫の言葉たちも、いつでも、ある分裂を強いられているようであった。それは、言葉という呑みこめないものを無理矢理呑みこもうとして、言葉そのものへの親和と異和とに無残に引き裂かれた姿のように見えた。永山の言葉たちは、生きものとしてのひとが初めて言葉という〝異物〟と出会うときの（あるいは、思春期と呼ばれる季節に二度目に出会うときの）、誰もが通過し、誰もが忘れてしまった、ささやかな、しかし激烈であったはずの葛藤のドラマを、拡大して演じて見せてくれているように思ったのである。

だが、単行本化された『木橋』を読んで、雑誌初出時の本文にくらべて異物感がうすれ、ずいぶん読みやすくなっていることに驚いた。作者のあとがきによれば、編集者の指摘によって書き改めたのだそうである。永山則夫はいま、言葉と和解しつつあるのだと思った。言葉との和解はやがて、環境との異和にも何らかの変容をもたらすことだろう。それはよいことであるにちがいない。

環境も言葉も、ほんとうは異物なのだ。それは、自己というものがそもそも自分にとっての異物として生まれるものだからである。「N少年」を押しつぶしたすさまじい貧困も、「金の卵」と呼ばれた集団就職少年たちの物語も、いまでは遠い昔のことのようになってしまったが、ひとが異物としての環境と出会い、異物としての言葉と出会い、異物としての自己と出会い、そしてそれぞれに和解していくドラマ自体に終わりはあるまい。その無意識なドラマの中で、ふと眼覚めてしまった人々にとって、永山則夫の言葉たちはいつまでも貴重な証言でありつづけるはずである。》

「それはよいことであるにちがいない」と記したのが、書評子としての私の唯一の偽りだった。私は厳密には、「それはよいことだろうか」と言いたかったのである。いや、これは誤解を招かぬよう、少し説明する必要がありそうだ。「新日本文学」（八三年五月号）に載った初出と、単行本の文章とを対比してみよう。手直しは小説全体にわたっていて、どこでもよいのだが、冒頭の数行を引用する（傍線は引用者）。

町には北へくだる川が流れていた。町は、その川沿いの片側に面し、北へ向かう道路と南へ向かう道路とを挟むように、町の中心となる家並みをもっていた。その道路はコンクリートを敷いていたが、北と南の両隣り町へ向かうまでには同じように所々道々に亀裂を風化させていた。この町に近い程、亀製の多い、貧しいコンクリート道路であった。

この県道は、南へくだると県下の大都市を結ぶ国道に中間点で接していた。その国道はアスファルトで舗装されており、自転車で大城下町へ向かう人々にとっては、この国道に入ると一安心させていた。

（初出）

町には北へくだる川が流れていた。町は、その川沿いの片側に面し、北へ向かう道路と南へ向かう道路とを挟むように、町の中心となる家並みをもっていた。その道路はコンクリートを敷いていたが、北と南の両隣りの町へ向かうまでには同じように道々にところどころ亀裂を表出し、その裂け目を風化させていた。この町に近づくほどに、亀裂の多い、貧しいコンクリート道路であった。

この県道は、南へくだると県下の二大都市を結ぶ国道に中間点で接続していた。その国道は、アスファルト舗装されていた。自転車で大城下町へ向かう人々は、この国道に入ると走行がはかどるので、一安心していた。

（単行本）

見てのとおり、単行本の方が、意味も鮮明だし、文法上のよじれもなくなっている。小説の文章としてはこちらの方が「よい」に決まっているのだが、私はなおも初出の佶屈した文章に強く魅かれる。そこには、ノートの中の評論的な言葉が内的な記憶と格闘する様子がありありとうかがえる。彼はまず認識しようとするのだ。そのとき、ロゴスの言葉の概念的な抽象性が、「町」や「道路」の即物性に転移するのである。「町」も「道路」も「N少年」の内面とは別個の客観的な存在物として、まず露出させなければならないのだ。物はただ、宥めようもなくそこに在る。「この町に近づく」のではなく「この町に近い程」と記すのも、また、文法を歪めてまで「人々にとっては——安心させていた」と記してしまうのも、評論的文体の名残りでもあろうが、あくまで「道路」という物質を主語として貫きたかったからではないのか。

ひびわれたような初出の文体は、「道路」がひびわれているようにひびわれているのだ。そしてそのひびわれは、環境と融和できなかった「N少年」の内面のひびわれを映している。それはあの「事実」の荒涼とした感触を伝えているのだ、と私はそんなふうに勝手に思うのである。だから、「それはよいことだろうか」とは、こんなふうに簡単に、公認された小説の文体と融和してしまってよいのだろうか、という意味である。

ことばにならない「事実」の感触も、ことばによってしか表現できない。つまり「事実」は「幻想」を介してしか共有されない。寺山修司の指摘は正当な指摘である。だが、「事実」そのものが「幻想」なのではない。剝き出しの物質のように心を傷つける「事実」、言葉から剝離した心が暴力と破壊へ吹き抜けていくような「事実」という場所は、確かに在る。初出の文体のざらついた異物感は、その剝離の感触をかろうじて伝えてくれる。けれどもまた、それが私の身勝手な思いこみにもかかわらず、文章を少し手直ししたぐらいで消えてしまうものならば、それはやはりそれだけのものにすぎまい。永山はまだ、言葉という幻想の性質について素朴なのだ。

五

昨年（一九八七年）の各文芸誌の新人賞受賞作を見ると、見事に二極化していることに気づく。片方には、二十歳前後の「女の子」たちの、性や家族という境界線を見失って稀薄に流出してしまう言葉の風景があり、その対極には、中年、壮年に達した男たちの、自然の風光の中で貧困や差別と全身でぶつかっている少年を描いた言葉がある。要するにポストモダンとレトロなのである。前者について、この「厚み」のなさこそポストモダンなのであって、我々はそれを肯定しつつ突き抜けなければならないのだ、と選考委員としての自らを鼓舞するように語ったのは「群像」の柄谷行人だった。後者について、ここには小説の言葉の実質を支える時間と場所、つまり確固たる地勢図《トポグラフィー》がある、とポストモダンへの飽き足らなさと対比して語ったのは「文藝」の江藤淳だった。

ハイテクと情報メディアの中で形成された自我の風景には、何かしら未聞未見のものがあるのではないか、誰もがそう感じている。ところがそれを肯定しつつ突き抜けようにも、新しさの装いの下には、過飽和な市民社会の中でモラトリアムされているにすぎないような素顔がのぞいてしまう。そこで「厚み」のある言葉を求めて振り返れば、高度成長以前の少年期を扱った作品にしか出会えない。そんな事態なのだ。

永山則夫の『捨て子ごっこ』も、基本的にはレトロの視線の中で迎えられたようだ。たとえば、編集部から「文学の現在」という課題を与えられた秋山駿は、最近の若手作家の小説には「人生」がない、「自己」とは何かと問う精神がない……と述べたのち、永山則夫の作品に触れて、「その一、二ページ、あるいは一、二行に、作者の命を託した言葉があると感ぜられた。／私は、いまの文学状況を前にして、こんな作品に渇いている」（「群像」八七年十月号）と記している。これはたぶん正直な実感なのだ。その意味では、他の評言も基本的には同じことを言っていた。苛酷な幼年期体験を描いた作品に出会えば、「事実」の厳粛さのまえで誰しも正直になるしかない。それは当然のことだ。だが、私たちが粛然として正直になることと、正直になったその視線が結局はレトロ（今は亡きものへの懐古）の枠組にはまりこんでしまうこととは、やはり別問題である。

永山則夫は決定的に遅れてしまった人である。彼が最初の獄中ノート集成『無知の涙』を「金の卵たる中卒者諸君に捧ぐ」と副題して出版した一九七一年、集団就職はもう実質的に終っていたのだし、「金の卵」も死語になりつつあった。また、彼が遮二無二「マルクス主義」というロゴスを「学習」していたとき、「マルクス主義」は既に転換期にさしかかっていた。六〇年代の最後の年に逮捕され、七〇年代の幕開けの最初の朝を学生のシュプレッヒコールの声で眼覚めた永山は、以来独房の中で、六〇年代という時間を凍りつかせたままである。その決定的な遅れ、いまは頑強な意志によって支えられているかにみえるその遅れのすさまじさによってこそ、永山は私たちのレトロの眼差しを踏み破ってしまうのではなかろうか。永山則夫は、ポストモダンにとってもレトロにとっても、眼に入った砂粒、一個の異物のように屹立すべきなのではなかろうか。ひょっとすると永山自身の意図には逆らうことになるかもしれないが、私はそんなことが言いたいがために、この文章を書き続けている。

永山則夫の犯罪——貧困と社会的疎外による犯罪——は六〇年代の象徴だった。そして、ここ数年社会的耳目を集めたのは、グリコ・森永事件、投資ジャーナル事件、豊田商事事件、「疑惑の銃弾」事件、童話作家によるニセ札事件——共通するのは、どれもこれも〝虚言症的〟だということだ。彼らは言葉から疎外されていたわけではない。彼らにとって、言葉はただの記号にすぎなくなったのだ。それをも疎外というならば、それは全く新しい事態、「真実」からの疎外とでもいうべきものだ。彼らはみな、法と秩序の言葉にも「真実」が宿っているわけではないと知っている。記号は記号によって攪乱できる、というのが彼らの戦略である。寺山修司の言う「虚構に勝つために必要なのは、虚構による戦略である」というテーゼは、すでに彼ら犯罪者たちによって実行されている。風俗はもう寺山修司の戦略を呑みこんだのだ。だが、風俗は「事実」という異物を呑みこめるだろうか。

私見では、日本的ポストモダンの問題は、すべての「構築」をなしくずしにしてしまう、と柄谷行人が言うところの〝母性空間〟の問題と不可分である。実在の母(風土)は死んだが、見えない「幻の母」がエーテルのようにこの国に遍満している。その中で、何がいったいハイテクと高度資本主義の生んだ新しい問題であり、何がいったい〝母性空間〟への幼児的退行現象の問題であるのか、それをたぶんきちんと腑分けしなければならないのだ。もちろん私にそれだけの準備があるわけではない。私はただ、異物感の有無だけに頼ってそれを見分けようとする。言葉が記号化している(その極限にはコンピューター言語が想定される)というのなら、それは、エロスの集積でもある私たちの心にとって異物のはずではないか。ところが、ポストモダンとも形容される若手作家たちの中で、記号化した言葉によって心が壊れる、あるいは未知の位相へと再編される、その苦痛、その軋み音のような感触を伝えてくれるのは、かろうじて島田雅彦のいくつかの小説だけなのだ。その他は、たとえば〝虚言症〟の稀薄な言葉が暴力や犯罪と触れ合う、その場面にさえ到達できない。

私はなにも作家としての島田雅彦と永山則夫を同じレベルに並べようとするのではない。島田が思想的に把握した問題を、永山はただわけもわからず押しつけられただけである。永山は島田に対して、単に無自覚に螺線の一回転分遅れているにすぎない。けれどもその分、問題を単純で原型的な形で凝縮しているとも見えるのだ。〝母性空間〟(言語共同体)に対して異物であることが何を意味するか、永山は日本文学がしのこした実験を課題として背負っている――私は永山則夫を、強引にも、そんな場面にまで押し出したいのである。

六

小説『捨て子ごっこ』は、永山の剝離体験の原点、彼の固執する「事実」の原風景を描いている。その経緯は『無知の涙』の「編集前記」によれば次のようである。永山則夫は当時五歳。一家は網走に住んでいたが、父親はもう寄りつかなくなっていた。

《昭和二十九年十月、母ヨシは子沢山の貧困の中にあって夫のふしだらに耐えきれず、末の娘と、長男のつくった庶子、それに子守役の次女の三人だけを伴って故郷青森県板柳町に戻る。当時、長女は精神病院に入っていた。父武四郎も間もなく出奔して、網走には三女、二男、三男と、学齢に達しない著者の四人がとり残される。翌三十年三月、市福祉事務所の計いで板柳町の母親のもとに引きとられるまでの一冬、姉弟四人は飢え寸前の生活を過した。》

姉の新聞配達を唯一の収入源としてけなげに自活の方途をさぐる姉弟たちだが、やがて、屑鉄拾いや魚拾い、ゴミ漁りにまで追いつめられ、疲労と飢えと屈辱の中、ついに、足手まといの幼児を捨てることを決意する。橋の上に置き去りにされた幼児の眼に映る一面の氷原、橋を揺らしながら迫ってくる大型トラック――それが永山則夫の原風景である。『木橋』や『破流』では、中学生になった主人公Nの心にふとよみがえるちぎれた記憶の映像として暗示されていたその原風景に、ようやく永山は立ちいたったのである。

しかし、皮肉なことに、その「事実」の核心を、永山は「虚構」化することでしか描けなかった。当時幼かった彼に残されていたのは、あまりに断片的な記憶だけだったからである。肉親との間でさえ、どちらの記憶が正しいかをめぐって「事実」の覇権を争った永山だったが、彼の生の全体を拘束する起源の「事実」ともいうべき場面については、記憶に依拠することができなかったのである。彼はやむをえず「虚構」へと歩み出た。それはいかにも永山らしい事態だ。小説を「生きざまさらし」運動の一環と位置づける永山にとって、表現とはそれ自体「虚構」である、などという一般論は、できれば無視したかったはずなのだ。だが、「虚構」を強いられた永山は、そのとき、表現者にとっての「虚構」とは「思想」でなければならない、という本質をも理解した。

「捨て子ごっこ」というタイトル自体にも、「事実」への断念と「虚構」への自意識とは窺われるのだが、その末尾の一節を引く。

大型トラックは戦車のような無表情で轟音を吐き散らしながら走行して来た。Nは、トラックがいつも優しく接するものとばかり思っていた。氷原と同じ物質となることを知らなかった。

「ギィミィーチョコクレッー!」
トラックは目前に迫っている。
「ギィミィーチョコクレッー!」

自身の原風景をこのように構成したとき、永山は、自分が固執して来た「事実」というものが、ロゴスに還元されない具体的な感触、被覆を剝がれた心が「氷原と同じ物質」に直かに晒されたときの感触であることを、初めて確認したのである。

同時に、ここにはもう一つ重大な「思想」が表現されている。少年の叫ぶ「ギィミィーチョコクレッ」という言葉である。

実は『捨て子ごっこ』はこの言葉から始まっていた。年上の子供からこの言葉を教えこまれたNたちが、アメリカ兵の軍用トラックに向かって叫ぶ。「ギィミィーチョコクレッ」――すると兵隊たちは笑いながら板チョコを投げてよこす。それは子供らの貴重な「戦利品」である。

「ギイミイーチョコクレッ」はもちろん「ギヴミーチョコレート」のつもりである。彼らは言葉を正確には知らない。正確には知らないまま、「チョコ（を）くれ」だと思いこんで、呪文のように無理矢理呑みこむのだ。たとえ間違った言葉でも、呑みこんでしまえば、それは魔法の言葉になる。呪文は世界との通路を開く。チョコレートが飛んでくる。しかし、少年は最後に、呪文がもう効力を失ったことを知るだろう。チョコレートは飛んでこない。トラックは彼を無視して通過する。トラックが物質になったのか、それとも彼の方が見捨てられて当然な物質になってしまったのか。力を失った呪文は無意味に凝固し、少年の前で世界との通路はぱたりと閉じる。閉ざされた世界は「氷原と同じ物質」となって荒涼と広がっている、母親から剝離したとき、彼は世界からも、言葉からも剝離したのだ。それが「事実」ということだ——永山は原風景をそう思想化した。

『捨て子ごっこ』にはもうひとつの言葉が埋めこまれている。母親が書き置きの末尾に記す「サヨナフ」である。子供らが帰宅しはすまいか、汽車が出てしまいはすまいかと急き立てられる思いの走り書きで、彼女は「ラ」を「フ」と書き間違えたことに気づかなかった。切羽詰まった残酷なメッセージの中で、この「サヨナフ」は滑稽である。残された子供らはしばし事の重大さを忘れて笑ったりもする。だが、笑いはすぐに凝固する。彼らの笑いが凝固するとき、「サヨナフ」も奇怪に歪んだ形のまま凝固する。子供らは逃れようのない「真実」を呑み下すように、「サヨナフ」も呑み下さなければならない。異物となった「サヨナフ」は、残された子供らに異物としての暴力をふるう。兄がNを橋上に置き去りにするとき、最後に発する言葉は、やはり「サヨナフ」なのだ。

『捨て子ごっこ』の虚構の中心は、実は、この「サヨナフ」だったのではないかと推測する。なぜなら、母親が「サヨナラ」の「ラ」を「フ」と書き間違えたのは、このときではなく、獄中の永山に宛てた手紙の中でだったはずだからである。〈49・4・13〉消印のその手紙の原文は、『反—寺山修司論』にそのまま引用されていて、「サヨナフ《（ママ）》」と注記さえされていた。その注記は永山の「事実」主義の表現だったのかもしれないが、『反—寺山修司論』の文脈の中では、単に客観的な原文尊重というよりは、糾弾すべき母親の「無知」の証拠物件という様相を強く帯びてしまっていた。

その「無知」の証拠物件を、敢えて虚構の中心に書きこんだとき、永山は即自的な母親憎悪を超えたのである。母親もまた、文字と言葉に裏切られたのだ。厳寒の季節を迎える土地に、わずか五百円と二週間分の味噌とともに子供ら四人を置き去りにしようとする彼女の眼に、ノートの切れ端に書きつける文字が、心から剝落したよそよそしい物と映らなかったはずはあるまい。「サヨナフ」は、彼女の心を裏切る文字の、その裏切りが凝結した形なのだ。

母親憎悪は、自己憎悪の投影という一面も持つ。ひとは、逃れようもない自分の内なる負の特性を、逃れようもない起源としての母親に転写してしまう。そうして無垢な自分を護ろうとする。おそらく、永山則夫の母親憎悪にもそんな一面があった。それゆえ、ともすると、彼の表現は、母親や世間を頑なに糾弾する一方で、手放しの自己愛に溺れてしまうこともあった。けれども『捨て子ごっこ』では、そのような生まの憎悪は消え、同時に、手放しのセンチメンタリズムからも解放されている。

永山は、自身の根深い母親憎悪の核心を、思想的な問いにまで昇華しようとする。それは、ほんらい人を優しく包むエロスであるべき言葉が、なぜ不意に人を裏切り、人を見捨ててしまうのか、という問いである。それを彼は、既にエロス（身体、風土、母）を回復した者として問うのではない。未だ回復せざる者の宙吊りの場所から、自身の剝離体験を辿り返すことで追究しようとするのである。

さて、最後に、言葉をめぐるもう一つの場面をとりあげてみよう。少量の粗末な夕食を済ませた後、四人の子供らは空腹を抱えて布団の中で暖をとっている。姉は国語辞典から「言葉拾い」をしている。傍らで「お餅が食べたいナ」と幼いNが呟く。苛立った兄二人がNを布団蒸しにする。ぼんやり眺めていた姉は、危険に気付いて一度は止めるが、いつのまにか彼女も幼児殺しの狂気に加わってしまう。──かつての永山にとって、この布団蒸しのおぼろな記憶は、兄姉たちへの憎悪の原点でもあったのだが、ここで注目したいのは、姉の「言葉拾い」を永山が次のように説明していることである。

明子は、セツ、久江と続き、彼女が三代目の使い手となる国語辞典から言葉拾いをしていた。それらの言葉は、例えば〈概念（がいねん）多くの事物に共通する内容をとり出しその事物にある偶然的性質をすててできる観念。事物の意味。概念概念　概念　概念……〉と、二、三行書き綴って覚えたものの復習である。

以下、〈哀感　哀愁　哀惜　哀切　哀史　哀訴　哀悼　哀憐　青息吐息　赤恥　悪因悪果　悪運

悪感情……〉と並ぶ言葉たちの選択は、少々あざとく〝作りすぎ〟の印象がないわけではない。しかし重要なのは、これらの言葉の選択が、私たちに永山本人の獄中ノートの漢字練習を思い起こさせる、ということの方である。そして、永山自身、ここに自分の「学習」を二重写しにしていることは、最初に「概念」という言葉を例に挙げていることから明らかだろう。それならば、彼はここで、自分の「学習」をも自己批判しているのである。母親の「無知」（カタカナの書き間違い）を乗り超えるための子の（正しい漢字書き取りの）「学習」。しかし、そこで「学習」される知（ロゴス）の言葉も、彼らの身体の現場には届かない。むしろ、布団蒸しに手を貸す姉の心の片隅には、Nは「学習」の邪魔だ、という意識もあったとすれば、知（ロゴス）の言葉は、彼らの弱小な身体を圧し潰す暴力にほかならない。この認識は永山則夫の辛い覚醒である。

永山則夫の〝捨て子〟体験も〝連続射殺〟も、「事実」である。「事実」は言葉を萎えさせる。というより、言葉が無力に座礁してしまう場所を指して「事実」と呼ぶ。しかしまた、言葉という被覆をかけることによって、つまりは「物語」化することによってしか、ひとは「事実」と宥和できない。永山は「事実」を宥めるために「マルクス主義」という「物語」を必要とした。〝小松川女高生殺し〟の李珍宇（永山は獄中で李珍宇の往復書簡集『罪と死と愛と』を読んでいる）も、逮捕から処刑までの短い期間、〝民族〟という「物語」にすがることで（そこには獄外の「姉さん」という〝母性〟もいた）、犯罪という「事実」との宥和を試みたようである。永山も同じことだ。だが、小説を書くという作業は、「物語」の被覆を一枚一枚引き剝がして、「事実」を剝き出すことを強いてしまう。

それは永山にとって〝誤算〟だったかもしれない。けれども〝誤算〟と格闘する中で、彼は初めて、「事実」を思想として摑んだのだ。そして、そのとき同時に、「事実」を覆う言葉というものの不思議な詐術にも覚醒したのである。彼はその詐術の出所をたずねる。その詐術もまた暴力的な一撃によって始まるのではないか、彼はそんなふうに問いながらたずねるのである。

永山が『捨て子ごっこ』という虚構に託して表現したのは、言葉が異物に変じる光景、あるいは、心が言葉に見捨てられる光景だった。それは、言葉とは何か、と問うときの、忘れてはならない光景である。そもそも誰にとっても、言葉は外から到来し、心をこじ開け、侵入し、烙けるような痕跡を刻みつけたのではなかったか。そうやって言葉は、まどろむ心を無理矢理覚醒させ、いやおうなく改造したのではなかったか。永山則夫が思い出させるのは、私たちがひそかに、知らぬ間に通り過ぎた、そんな暴力に貫かれた起源の出来事の記憶なのではなかろうか。かつて、言葉という暴力との出会いのドラマを、激烈に、しかし無自覚に、拡大してみせた永山は、いま、言葉によって引き裂かれた内部のひびわれを覗きこみながら、私たちの文学史に、未見の場面を刻み付けようとしているようだ。

分子生物学と量子力学の時代に素朴実在論で闘いを挑むかのようだった遅れた永山が、獄中での孤独な内省の果てに、遂に「事実」と言葉をそこまで思想化したこと、自分の生の全量を締め木にかけて搾り取るような、その思想化の歩みが私を感動させる。思想化するとは自覚することにほかならない。誰もが歩むべきその道を、永山則夫は確かな足どりで歩き始めたのである。それを、作家の誕生、と呼んでもよいだろう。

大波小波「推薦理由」

一九九〇年二月十五日　東京新聞「大波小波」

永山則夫の日本文芸家協会入会申請の問題については、たとえ匿名でも甲論乙駁するのはよいことだ。しかし、二月六日の変名「偏執者」の一文は黙って読みすごすわけにはいかない。連続殺人犯などを入会させたら文芸家協会が「教会」やら「狂会」やら分からなくなるというシャレにもならない文章だが、想像力も批判力も欠いた者が匿名欄をどう使うかの見本みたいなものであきれかえった。

「偏執者」君よ、君の文章には第一に笑うべき事実誤認がある。君は「数年前、世間の耳目を聳動《しょうどう》せしめたる、かの永山則夫」と書いた。だが永山が逮捕されたのは「数年前」どころか二十一年も前のことだ。おそらく君は永山の事件について何も知らない。だから「四人の人間の生命を、計画的に奪った男」などという表現が平気でできる。「計画的」とは何を根拠に言えることか、問い詰められたら君には答えようもあるまい。マスコミ情報だってもう少し正確を期している。また君は「永山の入会を支持する人たちは、もっぱら宗教的立場に立っているらしい」とも書くが、推薦理事の一人である秋山駿が「海燕」二月号で永山の『捨て子ごっこ』を一九八〇年代ベスト一〇の一冊に挙げていることを知らないわけではあるまい。推薦理由はまさに文学的なのだ。

（筆名　無知の知）

大波小波「永山則夫さんへ」

一九九〇年三月十三日　東京新聞「大波小波」

永山則夫さんへ。日本文芸家協会はあなたの入会を認めませんでした。新聞報道によれば、たとえあなたを入会させても、同協会定款第十条「法人の利益に反し、又は体面を汚し、もしくは会員としての義務を怠った者は、理事会においてこれを除名する」によって即日辞めてもらわなければならなくなるからだそうです。

奇妙な論理ですね。この条文（私も協会員ですがこんな条項があることは知らされていません）は、入会後の会員の行動に関わる規定、広く考えても、入会後に過去の不行跡が暴露された場合に関わる規定のようにしか読めないのですが、あなたは過去の犯罪を隠しているわけではありませんし、現在は二十年間も獄中で判決を待ちつつ謹慎している身です。何だか肩透かしを食らわされたようで釈然としません。憲法問題に触れずに基地訴訟を処理する判決文を読まされたときに似た感じです。

あなたが文学者の墓に名を連ねたら両隣の人も困るだろう、という意見まであったそうで、同じ協会員ながらあきれかえっていますが、多分はそれが本音なのでしょう。日本文芸家協会は、一人の獄中作家の人権よりも体面とお墓を大事にしたというわけです。あなたが事前に入会申請を撤回したのは正しかったのです。今後とも、文学が体面やお墓とは何の関係もないことを証明する作品を書き続けてくださるよう願っています。

（筆名　カナリヤ）

大波小波 「著作の運命」

一九九〇年五月十六日　東京新聞「大波小波」

筒井康隆、中上健次、柄谷行人の三人が、永山則夫の入会申請を拒否したことに抗議して日本文芸家協会を脱退した。直接協会に脱退届を出すのではなく、知人の編集者を通して通知する形をとったというあたり、スタンドプレイの気配もあるが、この問題を考え直すきっかけにはなる。永山の一件はどうも「名誉」の問題として受け止められて、殺人犯が「名誉」を望むとは何たる厚顔無恥か、というような感情的反発にさらされた気味があった。しかし、入会申請した永山の心事を推測するに、やはり純粋に著作権保護の訴えだったと考えるべきだろう。

永山は肉親と全く絶縁している。それは身から出たサビだと言えばそれまでだが彼が著述の中で生い立ちを克明に描けば描くほど肉親たちは迷惑し、ますます遠ざかってしまったという側面もないわけではあるまい。それは私小説作家の業《ごう》に似ている。獄中で完全に孤立してしまった彼が、自分の死後、保護するものの誰もいない自分の著作の運命に不安を抱くのは当然だろう。

文芸家協会が著作権保護を主目的とする団体であるなら、永山のような立場の作家の著作権こそもっとも保護支援を必要とするもののはずだ。かたや「名誉」にたてこもり、かたや形而上学的文学論をふりかざし、というわけですれ違ってしまった感があるが、協会に問われていたものは大きいのである。

（筆名　捨て子）

大波小波「善人とボケ」

一九九〇年九月十八日　東京新聞「大波小波」

永山則夫問題では青山光二ばかりが悪者みたいな印象があったが、小生、あんな損な役回りを引き受けるんだからこの人はよっぽどよいひとだろうと思っていた。今月の「文學界」で川村湊と対談しているのを読んだらやっぱりよいひとだった。そしてやっぱりよい人は少しボケているのであった。なにしろ話が支離滅裂だ。要するに感情的反発が最初にあって理由なんて形だけの付けたりなんだと内輪をさらけだした正直さはほめてやれるが、いまだに定款第十条なる除名規定で拒否できると考えているらしいのは総会での三浦会長の見解に反するし(文芸家協会は正式に統一見解を出すべきだ)、永山を「ヤクザ者」と同じ「プロの殺人者」扱いする一方で、法務大臣に判を押させない運動になら喜んで参加すると言い出す始末。

さらに文芸家協会は前近代的な「おかしいやつの集まり」だから愛しいのだと愛情を披瀝するかと思えば、文学というものは悪いものだから「理想社会においては文学というものはなくなると思っている」などと、いまどき旧式の共産主義者だって言わないような文学観を平気で口走る。最後は国民的「常識」に居直って、今回の一件が文芸家協会の威信を高めた功績を吹聴しておわりだ。

やれやれ、よいひととつきあうのはしんどいものだ。こんなしんどさに長時間つきあった川村湊の辛抱強さには、ただただ感服するばかりだ。

(筆名　ファルス)

非凡な覚醒

一九九〇年五月十九日号　図書新聞

十九歳の〝連続射殺魔〟永山則夫が逮捕されたのは昭和四十四年（一九六九年）四月七日のことだった。以来、彼は獄中（正確には拘置所）に拘留されてきた。彼の生の時間も六〇年代最後の年で凍結したままだ。

端的に言えば、彼は二十年前の人である。「貧困による犯罪」自体がいかにも六〇年代的だ。なるほど「M君」の犯罪の〝今日性〟には及びもつくまい。

つまり彼は〝遅れている〟。彼の最初の獄中ノート集成『無知の涙』は「金の卵たる中卒者諸君に捧ぐ」と副題されていたが、それが出版された時点（一九七一年）で、既に「金の卵」も「集団就職」も死語化していた。「無知」なる彼が目覚めた「真理」はマルクス主義思想だったが、彼ががむしゃらにその「真理」を学習し始めたとき、「真理」の方では勝手に転換期にさしかかっていた。獄中の彼に「真理」を教えた〝全共闘世代〟はその後〝転向〟したが、時間を凍結させた彼に〝転向〟はありえない。いわば彼はいまどきめずらしい〝獄中非転向作家〟なのだ。それはすさまじい〝遅れ〟ぶり、ほとんど宿命的とさえ呼びたくなるような〝遅れ〟ぶりには違いない。

彼の小説もまた同様に〝遅れている〟。

永山は小説書きを、彼自らが提唱する「生きざまさらし運動」の一環として位置づけていた。「生きざまさらし運動」とは、人は己れの生きざまをありのままに書き切ることによって階級的自覚に達することができるという運動である。その表現思想は、生活綴り方運動に社会主義リアリズム論を加味したものに近い（実際そう評価されたから「木橋」は新日本文学賞を受賞した）。

彼には「虚構」という方法意識がない。というより彼は「虚構」という方法を憎む。

たとえば〝連続射殺魔〟に自分の分身を見いだした寺山修司は何度か永山則夫について書いたが、その一つが永山との論争に発展した。そこで寺山はこう書いた。

「永山が、虚構の原基である裁判に、何を期待しているのか私は知らぬが、いずれにしても『事実』という名の幻想などは早く捨てた方がよい。虚構に勝つために必要なのは、虚構による戦略である。」

それに対して永山はこう言った。

「この尊大な『戦略』様よな！　デマに勝つのは事実しかないとするのが貧しい者のやり方だ。」

もちろん、「制度＝虚構」の認識に立って「表現＝虚構」を提起する寺山の戦略的姿勢の方が〝新しい〟。時代の表現は、サブカルチャーも含めて、以後急速に、寺山の提起した方法論を実現していった（犯罪もまた。マネーゲームと情報操作に関わる豊かな社会の犯罪はつねに虚言症的だ）。

寺山に対する永山の反駁は、私に大岡昇平の一句を思い出させる。大岡は一足の兵隊靴にまつわるエピソードを綴った文章の末尾に次のように記したのだった。

「欠乏のあるところ常に『事実』がある」（「靴の話」）

大岡昇平の言う「事実」は、決して内面化できない関係の外部性を意味している。人は「欠乏＝貧しさ」において、つまりは物語という内面化の装置が壊れる場所において、その「事実」に遭遇せざるをえないと言うのである。

永山はもちろん、そうまで自覚的に考えているわけではない。彼の言う「事実」はむしろ素朴実在論的である。だから彼は、肉親との間でさえ、どちらがより正しく「事実」を知っているかで争った。

しかし、彼が獄中で貸与された一冊目のノートの扉にはこう書かれていた。


私は四人の人々を殺して勾留されている一人の囚人である。

殺しのことは忘却は出来ないであろう一生涯。

しかし、このノートに書く内容は、なるべくそれに触れたく無い。

何故かと言えば、それを思い出すと、このノートは不要に成るから……。


「それ」は、彼の言う「事実」の核に在るものだ。だが、「それ」に触れようとするとき言葉は難破し、ノートはその用途を見失ってしまう。こう書いたとき彼は、法廷闘争的にその所有権を争うことのできるような「事実」とはまったく別種の「事実」のことを述べている。「それ」は所有できない。

周知のとおり、極度の貧困と家庭崩壊のために、永山はろくろく学校教育を受けていない。彼の「学習」は獄中で始まった。それは何より言葉と文字（漢字）の学習だった。合同出版版『無知の涙』の表紙を見れば、彼のノートの余白がびっしりと漢字の書き取りで埋め尽くされていることに驚くだろう。言葉と文字（漢字）は彼に世界を「意味」として所有する力、すなわち「知」というものを与えた。たとえば「唯物弁証法」という「知」の物語によって、彼は彼の犯罪を「意味」として所有できた。

しかし、言葉の支配に容易に服する従順な「意味」にではなく、言葉を難破させる「それ」そのもの、出来事としての「それ」に出会うためには、彼はまったく別な道を歩かなければならない。つまり、言葉に対してまったく別な態度を選ばなければならない。

それゆえ永山は小説を選んだのだ、と言っては、しかし、正確ではない。事態は逆の経過をたどったようだ。「生きざまさらし」のために素朴実在論的に「事実」を描き取ろうとして小説らしき形式を模倣し始めたとき、彼は無自覚のうちに別の態度を選んでしまったのであり、書きつづける中で次第次第に自分が選んでしまったものの性質に気づいていったのである。小説は物語と「意味」を食い破りつつ自己を成就する。

『木橋』『捨て子ごっこ』『なぜか、海』とつづく永山の自伝的小説の系列は、一人の無自覚だった書き手が、まさしく書くという行為の力としか言いようのない不思議な力に導かれて、小説家になっていく過程の目覚ましい記録だと、私には見える。

彼の自覚の頂点を形成するのが『捨て子ごっこ』である。ここには、「事実」を問うことは言葉を問うことだという至極あたりまえな、けれども世間に流通している小説と称するものの中ではめったにお目にかかれない、非凡な覚醒が刻まれている。またここには、言葉というものが表象によって人を慰撫する自足した呪具ではなく、外から到来し、暴力的に侵入した他者であり、だからこそときには何の前触れもなく人を見捨てるものだという、この国の文学史ではほとんど未聞の認識もある。ここに描かれた光景は痛ましい。だが、この痛ましさは「事実」と言葉との本性に根差す痛ましさである。

六〇年代の出郷者である永山則夫（作中人物としてのN）は、多少の誇張を承知で言えば、近代日本人百年の運命を凝縮して背負っている。近代日本人も貧しさゆえに他者（西洋近代）の一撃に堪え切れず集団出郷したのだった。遊民（ルンペン）化した少年Nはいま、密航を企てて果たさず、社会の下層を放浪している。まもなく単行本化されるはずの近作「陸の眼」と「異水」では、放浪の中での多様な言語（英語や中国語、大阪弁など）との出会いが描かれていることも紹介しておく。これも近代文学が等閑視してきた光景なのだ。

〝遅れた〟永山の小説は、なお不器用さと稚拙さを払拭しきれていない。しかし、〝新しさ〟を装いつつその実は無害化された言葉と上手に慣れ親しんでいるだけの擬似小説とは、比較を絶して貴重なのである。

「文学のふるさと」とは　日本文芸家協会脱退の弁

一九九〇年六月六日　新潟日報
後に『暴力的な現在』に収録

日本文芸家協会を脱退した。永山則夫の入会拒否事件がきっかけである。私が四人目だという。先の三人は、いうまでもなく、柄谷行人、中上健次、筒井康隆の三氏。いずれも私の敬愛する文学者たちだ。

しかも三氏が脱退表明したのは、新潟市で開かれた講演会「風と光と三人の文士——安吾の現在」の後だったという。坂口安吾を語ることが現在の文学状況の批判となり、文芸家協会批判ともなった。その意味で、安吾が三氏を脱退させたのだといってもよいかもしれない。そして私もまた、安吾のエッセイ「文学のふるさと」を自分の文学観の根底に据えている。しかも私はこの県（六日町）の出身である。奇しき因縁のようなものさえ感じる。

文芸家協会が永山入会拒否の決定をしたと聞いたとき、「やっぱりな」と思った。永山が事前に申請を取り下げていたという報にも「やっぱりな」と思った。つまり事態はおおよそ私の予想どおりに進展した。協会の入会委員会が秘密会議を開いたりしていたことを知ったときには苦笑さえした。彼らは何をそんなにおびえているのだろうと思うとおかしかったのである。

協会は拒否理由として定款第十条なるものを楯に取った。しかしそれはたてまえ。実は秘密主義の蟻の穴からひそひそと漏れ聞こえてくる匿名の声こそがほんねなのだろうと思う。いわく、「殺人犯が文学者の墓に名を連ねたら両隣の人も困るだろう」「そんなひとが（協会に）はいってきたら、わたし、こわいわよ」。私に退会を決意させたのはこうした匿名の声である。署名入りの意見には反駁もできるが、匿名の声に対しては「改革」のしようもない。

文芸家協会は著作権の保護を主目的としているらしい。それは大事なことであり、そうした活動に従事している人たちには頭を下げる。しかし、「文学者の墓」なる事業を抱えているかぎり、おそらく協会は文学者の団体でも純粋な職能団体でもあり得まい。「墓」に名を刻むことをもって世俗的な名誉と考える遺族たちの意向を無視できないからだ。その協会が殺人犯の入会を拒むことには何の不思議もない。

一方、永山則夫は長い獄中生活の中で、支援者とも肉親とも完全に絶縁してしまった。それは身から出たサビには違いない。だが、彼がその著作の中で生い立ちを克明に描けば描くほど、肉親たちは迷惑し、ますます離反していったという側面も忘れてはならない。それは私小説作家たちの宿業に似ている。孤立したまま社会から隔絶された彼の著作権はいちばん侵害の危険にさらされている。その彼が、自分の死後のことも考えて、緊急避難的に文芸家協会の保護に頼ろうとしたとしても何の不思議もないのだし、その行為があたかも「名誉」を欲しての行動であるかのように誤解されたことに対して、彼が反発して申請を取り下げたとしても、これまた何の不思議もない。

だから私は、何の不思議もない事態に対して、文芸家協会よりも永山則夫といっしょにいる方を選んだだけである。

永山則夫は決して上手な小説家ではない。それどころか、彼の書いているものがいわゆる文学であるかどうかさえ疑問である。しかし、彼の小説には坂口安吾のいう「文学のふるさと」がある。

一般には「ふるさと」は人をやさしく抱擁し、宥《なだ》めてくれる場所である。だが、安吾のいう「ふるさと」は「プツンとちょん切られた空しい余白」、人がそこで「突き放され」てしまう場所である。

安吾の「ふるさと」が分かりにくいという人がいる。だが私にはよく分かる。それは「貧しさ」の問題なのだ。外部の他者の一撃に対して防備の術を持たない「貧しい」場所のことなのだ。近代の日本人はみんな、近代という強力な他者の一撃によって「プツンとちょん切られ」「突き放され」たのである。突き放されて出郷した者たちは、それゆえ、美しい故郷のイメージを内面化する。彼らは故郷の懐かしい風景が破壊され、木橋が鉄橋に変わってしまうことを嘆く。しかしそれは出郷者の側の感傷にすぎないと安吾はいう。木橋を鉄橋に掛け替えるのは「貧しい」場所に生きている者の必要である。その必要を肯定せよというのである。

極貧の中に育った永山則夫も「プツンとちょん切られ」「突き放され」た人だった。幼い彼を突き放したのは、故郷であり母親であり兄姉たちである。しかしそればかりではない。そのとき彼は言葉からも突き放されたのだった。そういうことが『捨て子ごっこ』には描かれている。

そこには安吾のいう「ふるさと」がある。というより、ただ「ふるさと」だけがある。この「ふるさと」は「豊かな」現代においては忘れられているが、しかしつごうよく忘れたからといって、誰もこの「ふるさと」から逃れられたわけではない。

永山則夫著『異水』書評

一九九〇年七月九日　産經新聞

著者が獄中で書き継いでいる自伝小説の近作二編、「陸の眼」と「異水」を収める。

「陸の眼」は、集団就職先の渋谷のフルーツ店を首になったばかりの十六歳のNが、ナップザックひとつで夜の貨物船にもぐりこむ場面から始まり、密航の失敗、送還、馴染まぬ兄の家に身を寄せての生活を描く。そして、所持金五十円で兄の家を出た「異水」のNは、大阪の米屋の住み込み店員として働きながら定住を試みて挫折する。いわばこれは場所を失い流浪する少年の物語である。

人は自分の場所を失うとき自分の言葉をも失ってしまう。だからNは、自分の言葉を持たぬまま他人たちの言葉の中を流浪するしかない。たとえば貨物船の中で保護＝監視されるNを取り囲むのは意味不通の英語や中国語だし、米屋の店員になりきるために彼が習得しなければならないのも、ほかでもない、大阪弁による挨拶なのである。そのことがくっきりと浮かび上がるように書かれていることが、何より私には興味深かった。つまり、一見するとただ素朴に体験の忠実な再現を試みているように見える著者の小説だが、実はひそかに、言葉とのかかわりに焦点を絞り始めたらしいのだ。それは、獄中で言葉を学び、曲折の末に小説を書き出した著者にふさわしいテーマである。

他人の言葉はNをおびやかす。無力な小動物が敵意を敏感に察知するように、Nのおびえた心も、他人の言葉の含む刺や毒に鋭敏に反応する。場所を失ったNにとっては、戸籍謄本に記載された「網走番外地」という言葉さえも、我が身をおびやかす他人の言葉だった。そのおびえ方は、読者の眼には、時にあまりに過剰な反応と見えるかもしれない。だが、私たちがそのように思うなら、それは私たちが言葉の中で守られているからではないか。そして、人が言葉の中で守られていると感じるとき、人は言葉だけではない、言葉以外のさまざまな条件によって守られているのではないか。永山則夫の小説は、私にそういうことを考えさせる。

永山則夫死刑執行に思う

共同通信配信　一九九七年八月五日「日本海新聞」他
後に『暴力的な現在』に収録

永山則夫が死刑を執行されたと知って、しばらく茫然とした。

私は、死刑判決が確定した以上、そして、近年のあたかもノルマを遂行するがごとき死刑執行の動きがつづく以上、永山氏がいつ処刑されても不思議でないことを承知していたが、しかし一方で、彼が犯行時に未成年（十九歳）だったことと高裁判決が死刑でなく無期だったこととは最大限に尊重されるはずだとも思っていたのである。

いま永山氏を殺すことに何の意味があるのか。永山氏の犯した罪と、八月一日に執行されたという罰と、まるでかみ合っていないと私は感じる。両者の重さが「釣り合っていない」というのではない。本来対応すべき罪と罰とがすれ違ったまま「かみ合っていない」と感じるのだ。だから、死刑という処罰の暴力性だけがひどく私の身に迫る。

永山則夫は逮捕後、「無知の涙」と題する獄中ノートを出版して話題を呼んだ。ピストルによってしか自分を表現できなかった彼が、言葉によって自分を見つめることを覚えたのである。彼の一冊目の獄中ノートの扉には次のように記されていた。

「私は四人の人々を殺して、勾留されている一人の囚人である。殺しの事を忘れる事は出来ないだろう一生涯。しかし、このノートに書く内容は、なるべく、それに触れたくない。何故かと云えば、それを思い出すと、このノートは不用に成るから……」

やがて彼は、自分の生い立ちを小説という形式に託して書きはじめる。単行本名を列記すれば、『木橋』『捨て子ごっこ』『なぜか、海』『異水』というふうに、極貧の生い立ちから集団就職、転職と密航の失敗、大阪への逃避行とつづく一連の小説は、ついには彼が獄中ノートにおいて「なるべくそれに触れたくない」といっていた「それ」の場面に逢着するものと思われた。

しかし、それも一九九〇年の死刑確定によって中断してしまった。(以後も永山氏は「新論理学ニュース」という獄中通信に小説を連載していたが、その小説「華」は、いわば、「教育的」な内容であって自伝的なものではなかった。)

永山氏の小説には、人が言葉という異物と出会い、衝突し、格闘する光景があざやかに刻まれていた。なめらかなイメージや物語に収まろうとする小説ばかりが多い八〇年代の文学現象の中で、それはとても貴重なものだった。私はそういうことを「作家の誕生」と題する永山則夫論に書き(拙著『悪文の初志』所収)、それをきっかけに何度か面会に行き、短い通信も交わした。だが、死刑判決確定後はそういうこともできなくなった。

私はどういういきさつで永山氏が日本文芸家協会に入会申請をしたのかよく知らない。けれども、肉親との間に不和のあった永山氏が、自分の死後の著作の保護について心配していたのはたしかだろうと思う。作家の著作権保護を重要な目的とするはずの文芸家協会は、しかし、彼の入会を拒んだ。

死刑確定直前のことだ。

私はひどく不快だった。だから、中上健次、柄谷行人、筒井康隆氏らが脱会したと聞いて、私も脱会することにした。文芸家協会といっしょにいるよりは、永山則夫の側にいたい、と思ったのである。文芸家協会会員だった私の知人は、自分は脱会しない、内部改革をする、といっていたが、「内部改革」がその後どうなっているのか、これもよく知らない。

永山氏の通信の書き出しには、決まって、「こんにちは！　その後お元気ですか。がんばっておりますか。」と書かれていた。永山氏の元気は底抜けの元気だった。ほんとうに底がない、つまり何も支えてくれるもののない場所での元気だった。私はもう、この底抜けの元気を思い出さずには「元気」という言葉を使えない。

永山則夫著『華　Ⅰ・Ⅱ』書評

一九九七年十二月七日　東京新聞

永山則夫は十九歳だった一九六八年に四人の人を次々と射殺し、翌年の春、逮捕された。地裁で死刑、高裁で無期、最高裁が差し戻して、九〇年に死刑が確定した。その間、獄中での漢字書き取り練習からはじまるすさまじい学習の過程を記したノートを出版し、高裁判決後には、極貧の生い立ちから集団就職とつづく自伝小説を書きついで、反響を呼んだ。

だが、永山は、少年法改正の論議が高まるさなか、今年の八月一日に死刑を執行された。その日の朝、東京拘置所に絶叫が響くのを聞いたという人もいる。

『華』は永山則夫の遺稿小説である。永山は、死刑確定後、外部との通信がほとんど閉ざされる中で、ひたすらこの小説を書きつづけていたらしい。総枚数で四百字詰め三千枚を優に超える長編である。

東北弁で哲学を語る老人や、新興宗教を脱会したばかりの女性タレント、過激派セクトから離脱した青年、といったさまざまな過去をもつ新宿のホームレスたちが集まって、「リサイクル生活社」という弱者救済のための事業をおこす。彼らは豊富な資金を入手し、多くの支持者を集め、やがては東京都知事や中国大使館の支援協力も取りつける。

むろん、これは空想的なユートピアである。だが、あらゆる空想的ユートピア小説と同様、『華』は社会批判の寓話《ぐうわ》としての側面をもつ。

永山は獄中での学習を通じて、自分の犯罪の思想的な克服を目指していた。貧困ゆえに社会の底辺に追放された無知な若者が、自分と同じような人間を四人も殺してしまった。だから彼は「仲間殺し」のない社会を構想した。『華』はその構想の小説的展開である。

『華』ではまた、セックスと食事の場面が何度も何度も描かれる。永山はたぶん、自分の満たされる望みのない快楽を、この小説の中に投射していたのである。それはいたましい願望充足だ。

『華』は全部で四巻になるが、最後の原稿はわずか三行、「朝」という一文字で途絶していたという。

永山則夫の言葉――『華』解説

『華　Ⅲ』河出書房新社（一九九七年十二月十八日発行）

私には、忘れられない永山則夫の言葉がいくつかある。
その一つは、逮捕されたときに押収された『社会科用語辞典』の余白に書かれていたという次の言葉だ。京都での第二の犯行後、北海道に渡ったときに書き記したものらしい。

わたしの故郷で消える覚悟で帰ったが、死ねずして函館行きのドン行に乗る。どうしてさまよったかわからない。わたしは生きる。せめて二十才のその日まで。罪を、最悪の罪を犯しても、せめて残された日々を満たされなかった金で生きると決めた。母よ、わたしの兄弟、兄、姉、妹よ、許しを乞わぬがわたしは生きる。寒い北国の最後を、最後のと思われる短い秋で、わたしはそう決める。

私たちが今日読める、獄中ノート以前の唯一の永山則夫の文章がこれだ。せつない自己愛と、死に向けてひとすじに突きつめた思念とが、ヒロイックな抒情の中に溶け合っている。ここには、ぴんと張りつめた言葉の形があり、そののっぴきならない運動がある。つまり「文体」がある。

私たちは、永山則夫は言葉から徹底的に疎外されていた、と思っている。それは彼の生い立ちからしても、また逮捕後の彼が獄中ノートで示した文章の水準から逆算しても、そう思うしかない。たとえば中上健次は、永山の逮捕からほぼ一ヶ月後に一気呵成に書き上げたエッセイ「犯罪者永山則夫からの報告」(『鳥のように獣のように』所収)で、永山は「外部の人間」だったと述べている。「内部」を形成するのは言葉だが、永山は言葉をもたなかったからだ、というのである。中上健次の直観は正しい。

しかし、では、なぜ十九歳の永山がこんな「文体」をもてたのか。私には不思議でならない。もしかして、それは彼の犯行のようなものなのか。つまり、「やってしまった」者だけに許された、一回かぎりの言葉の昂揚なのか。

おそらく、犯行に追い詰められていく過程で永山則夫は決定的に壊れた。むろん彼の壊れは、みじめな生い立ちの中で長期にわたって痛めつけられながら、修復不可能な形で進行していたものだ。だが、壊れの頂点で、唐突に、永山は「自分」というものを手に入れる。十九年間、一度も手中にしたことのなかった「自分」というもの。この「文体」として実現した「自分」はいかなる分裂も壊れも含まない。これはどういうことか。それは犯行が彼にもたらした一度かぎりの恩寵なのではないか。そんなふうにさえいいたくなる。

事実、この恩寵はたちまちに彼を見捨てる。彼は、この後二度と、こんな幸福な「文体」をもつことはなかった。つかの間の奇跡のように実現した言葉との蜜月は去り、彼は再び壊れる。「やってしまった」男の言葉は、「やってしまった」ことと向き合いつつ生きる中で壊れるのだ。獄中ノートの時代が来る。

一九六九年七月二日、筆記許可がおりたその日、永山則夫は貸与された大学ノートの最初のページにこう記した。私に忘れられない永山則夫の二つ目の文章だ。(永山はこの文章の字句を同年七月二十七日付で訂正している。だが、ここには最初の形で引用する。改行もノート原文のままとする。ただし、原文は横書き。)

私は四人の人々を殺して、勾留されている一人の囚人である。
殺しの事を忘れる事は出来ないだろう一生涯。
しかし、このノートに書く内容は、なるべく、それに触れたくない。
何故かと云えば、それを思い出すと、このノートは不用に成るから……

いま、私の手元に永山のノートのコピーがある。一冊目のノートの表紙には、最上段に「詩」と書かれ、その下に、横書きで「『無知ノ涙』/〔金の卵たる中卒者諸君に捧ぐ〕/No.1/永山則夫」と四段に分けて記入されている。永山はまず、詩という形で自分の言葉を導き出そうとしていた。詩はおそらく、切れ切れの言葉を切れ切れのままに定着できる形式として選ばれたのである。そして永山は、その切れ切れの言葉さえ、「それ」に触れたとたんに難破してしまうことを知っていた。

私は、「なるべく、それに触れたくない」という永山の気持ちがわかる気がする。たぶん、彼は言葉を書くことがただただ楽しかったのだ。いずれは「それ」に向き合わざるをえないことを承知しつつ、その時を先送りしてでも現に手に入れたこの楽しさを享受したい。初めての文章を、「ノート君、私は君を擬人化して書いていくつもりだ」と書き出したとき、永山を促していたのはそういう思いではなかったか。私はそう思う。

「ノート君」という唯一の（おそらくは生涯で初めて見つけた）親密な対話相手に向けて書き記される彼の詩の多くは、だから、自分へのいとおしさにあふれている。しかし、その自己愛の表現は、たとえば、「私はまだ小供なんだ／小さいく小供なんだ／よォ!!」（一九六九年七月八日「人間辞めろ!!」）というような、幼年時への退行現象を代償にしてしか可能でなかった。その幼年時において、彼は世界の愛情から見放されたからである。その意味で、彼の詩の言葉も壊れている。

一方で永山は、マルクス主義という社会科学の言葉を学習しはじめる。それに連れてノートは散文が増えてくる。その文章は不習熟な概念用語に依存した「悪文」である。むろん永山にはこの「悪文」に賭けてでもやり遂げたいことがあった。自分を犯罪へと追いつめた社会的原因の分析、彼自身の言葉でいえば、人を「仲間殺し」へと追いやる不合理な社会的メカニズムの批判である。だが、この「悪文」はやはり壊れたものだといわざるをえない。

詩の中で彼は、失われた自分の半生をいとおしむ自己愛の言葉を解放した。散文の中で彼は、冷酷な社会への憎悪を論理化する言葉を習練した。詩の言葉と散文の言葉、それをエロスの言葉とロゴスの言葉といいかえれば、両者はそれぞれに壊れながら、しかも、永山はエロスとロゴスを分裂させたまま統合することができなかった。酷ないい方になるが、私は永山則夫の獄中ノートにそういう印象をもっている。

永山則夫のすさまじい獄中独学は、マルクスを読み、ヘーゲルを読み、ついには「新論理学」と彼の呼ぶ独自の思想体系を構築するにまで至る。彼は『ソオ連の旅芸人』では、マルクスの『資本論』のパロディとしてユニークな「犯罪学」を語りさえした。その思想的な営みのすべてが、自分の犯罪の分析から、ただその一点から出発してなされたとは驚くべきことだ。

しかしそれは、「なるべく、それに触れたくない」という「それ」に触れたことになるのか。たぶん、社会科学的にはそうなのだろう。だが、文学的にはそうでない。社会科学の言葉は一般化を志向するものだが、文学の言葉は固有性を志向するものだからだ。真実は固有性の中にしかない、というのが文学の態度である。永山則夫の犯罪の真実は、言葉が難破する危険に耐えながら、言葉によって、しかも、法廷言語でも社会科学言語でもなく、永山則夫の固有のエロスとロゴスから（たとえそれがどんなに貧寒なものであろうと）搾り取った言葉によって、「それ」に触れるところにしかあらわれない。私には、彼の書き残した厖大な思想の言葉は、ひたすら「それ」を迂回するための言語だったように見えている。

そして永山は小説を書きはじめる。永山は自分の小説を「生きざまさらし」運動の一環として位置づけていた。それを彼は、「百万人の小説家運動」とも「百万人の精神分析運動」とも呼ぶ。市民各人が自分の「生きざま」の事実をさらけ出すことによって、競争社会の中で「市民」として自己形成するためにいかに他人を押しのけ蹴落としてきたかを自覚して、犯罪者と市民が「反省＝共立」していくための契機としようというものである。大事なのは、事実を偽らず、ありのままに書くことだ。

だが、皮肉なことに、自伝小説の頂点ともいうべき作品「捨て子ごっこ」で、彼は「事実」をありのままに書くことができなかった。五歳の冬の厳寒の網走での捨て子体験は、永山にとって、彼の生涯の不幸を決定づけた原体験だったのだが、その体験をありのままに再構成するためには、彼の記憶はあまりに断片的で貧弱だったからだ。彼はやむなく体験を虚構化する。

それはあくまで、やむなくなのだ。捨て子体験の決定的な意味に気づいた獄中の永山は、弁解する母親や肉親との間で「事実」の所有権を激しく争ったことがあったし、『反―寺山修司論』では、「虚構」という戦略を掲げる寺山に対して、「デマに勝つのは事実しかないとするのが貧しい者のやり方だ」とも断言していた。実際、たとえば精神鑑定結果（ある意味で彼に有利な）を批判した彼の文章（控訴趣意書の一部）などを読めば、「事実」というものが、たしかに、永山の人間としての誇りを賭けた孤独な闘争の武器だったことがよくわかる。その永山が、自身の最も重要な、壊れの原点ともいうべき体験を描くために、やむなく虚構という方法に足を踏み入れたのである。

このとき、言葉というものの不思議な働き、言葉で自分を描くということの厄介な性質、そして、その不思議で厄介な言葉の能力を生かしきる小説というものの可能性、そういうことに初めて永山則夫は覚醒したのだ、少なくとも、覚醒への第一歩をはっきりと刻印したのだ、と私は思った、あるいは、私は思いたかった。それで、「作家の誕生」（『悪文の初志』所収）という永山則夫論も書いた。もし私の判断が正しければ、永山則夫は自伝小説を犯行の場面まで書きつづけることができるだろう、と思ったのである。

だが、永山の自伝小説は死刑確定によって途絶した。最後の自伝小説「異水」は一九六六年六月、網走の「番外地」生まれという戸籍の記載にいたたまれず、大阪の米屋を辞めるところで終っている。（なお、初期の作品「土堤」には犯行の年、一九六八年夏の体験が書かれている。）

以後、永山則夫の言葉は、ごく少部数配布されていた彼の獄中通信（それは「新論理学ニュース」と題されていた）によってしか外の世界に届かなくなる。「華」はそこに、四百字ほどの時事的所感数通や「新論理学試論」とともに、毎回四百字詰め原稿用紙十枚ぐらいずつ掲載されていた。

私は彼が自伝小説ではなく「華」のような小説を連載していることに不満だった。それで私は、こういうものでなく自伝小説を書き継ぐよう井口が望んでいる旨伝えてほしいと、身柄引受人の井戸秋子氏にお願いしたことがあった。むろん私は、死刑が確定した人にそんな要求をする権利が自分にあるかどうか、私の希望が単なる「きわもの趣味」でないかどうか、幾度も反省した上でそうしたのである。後日の獄中通信に、自伝小説を書けと文芸評論家たちはいうが、それは思想家・永山則夫をただの私小説作家に矮小化しようとするものだ、という意味の反論が載った。それは私を名指ししたものではなかったが、私はつらかった。

私がほんとうにいいたかったのは次のようなことだ。

永山則夫が自伝小説の中で、「N少年は……」とか「Nは……」とか書くそのつど、そこには万感の自己愛がこもっていた。それはあたかも、誰もいとおしんでくれる者がなかったから、せめてこの自分だけは精一杯に「N」をいとおしんでやるのだとでもいうかのような、そういうせつない自己愛の響きだった。だが、それが自己愛に支えられた言葉の世界であるかぎり、小説と思想家との棲み分けは、獄中ノートにおける詩と社会科学的散文の分裂を継承している。

私は、「N」が犯行に及ぶ場面を読みたかった。そして、四回にわたって犯行を繰り返してしまう場面を読みたかった。「きわもの」として読みたかったのではない。その場面に至って初めて、「連続射殺」が他の誰でもなく永山則夫の犯行でしかありえなかったことの固有性、社会科学的な言説では掬い取れないリアルなものがあらわれるはずだと思ったからである。たぶん、そうやって「それ」に触れるとき、もはや自己愛によっては小説の言葉は支えきれなくなるだろう。そのとき永山則夫は、壊れた自己愛の残骸の中からどのような言葉を新たに創り出すのか。それが私は見たかった。

それは永山にとっておそろしくつらいことであるにちがいない。しかし、自己愛そのものが壊れてしまう場面を通過しないかぎり、永山は深く分裂した自分をほんとうに統合することはできないのではないか。私はそう思っていた。

私は傲慢であるかもしれない。だが、この傲慢は文学というものの本質に属する傲慢なのだと私は思う。たしかに小説は、社会科学的な思想の体系に比べればいかにも小さい。しかし、その小さい小説こそが、言葉に対して最も残酷なことを要求する。

「華」の清書原稿を見た。B5サイズの四百字詰め原稿用紙に、強い筆圧で一字の乱れもなくびっしりと書き込まれていた。私が獄中通信で読んだのはわずか冒頭の二百数十枚にすぎず、実際は三千数百枚を超えてなお未完だった。

「華」は一種のユートピア小説である。ここでは、新宿で出会った様々な前歴をもつホームレスたち（永山のいう「ルンペン・プロレタリアート」の現代版）が、資金や能力や人脈という必要な条件を全部与えられて、現代日本のど真ん中に、「新論理学」の教えに基づく理想的な共同体を実現するための事業を興す。彼らの事業は多くの賛同者を集め、中国大使館や東京都知事、さらには首相らの積極的な理解・協力まで取りつける。むろんそれは空想的だけれども、空想的であることはユートピア小説の条件の一つである。

永山はこの小説を書きつづけるのが楽しくてしかたなかったにちがいない。彼はほとんど、空想の中に自己を放擲しているように見える。三千数百枚の大半は料理・食事とセックスの場面の反復叙述に費やされていて、合い間合い間に資金を湯水のごとく蕩尽する豪華なショッピングの品目羅列や「新論理学」の講義が挿入される。料理・食事もセックスもショッピングも、獄中の永山には実現不可能な欲望だった。

このとき、永山は書くことで欲望の代理充足を味わっている。書くことそのものが快楽なのだ。この小説を書きつづけること自体が、死刑確定後の永山にとって最後のユートピアだったのだといってもよい。いま・ここで、原稿用紙を広げてボールペンを持ちさえすればたちまち出現するこの簡便にして万能のユートピア。一九九二年十月十日に書き出して以来、一九九七年八月一日の刑死の直前まで、永山が「華」を延々書き継いで倦まなかった秘密はそこにある。

しかし作中で、「新論理学」の創始者の死刑はすでに執行されている。(注)つまり彼は、自分の死後の物語としてこの小説を書いている。舞台は現代の日本に酷似しているが、しかしそれは作者の死後の世界なのであり、その意味でここに描かれたユートピアが未来にしかないことを作者は知っている。これは、作者自身は決して参入できない、永遠に先送りされた未来の物語なのだ。

実は永山には、自分の死後を想定した同様の設定の小説がもう一つあった。『死刑の涙』である。そこでは、全人類解放のための理論を確立した獄中作家が処刑された後、彼の思想に共鳴した一人の大学生が、死刑制度を廃止させるために連続爆弾テロを決行する。彼の闘争は勝利し、市民は死刑廃止を求めて盛大にデモ行進し、国会は死刑廃止法を可決する、というものだ。最高裁が差し戻し判決を出したのは一九八三年の七月だが、『死刑の涙』は「最高裁が差戻し判決を下した直後に生じた情熱が書かせた歴史的文書」だと、永山自らその「あとがき」で述べている。

『死刑の涙』を貫く情熱は暗い。それに比べて、死刑確定から二年後に書き出された「華」を貫く欲望は明るく見える。この明るさは読者にとっての救いだろうか。だが、作中のセックス描写は単調な繰り返しになっているし、料理・食事の場面は詳細なレシピのみで味覚の具体性を欠いている。ショッピングもカタログの商品列挙以外ではない。身体化されたエロスの快楽は、最後まで永山則夫から奪われたままだった。この欲望の明るさは、むしろ痛ましい。
私は最後に、私に忘れられない永山則夫のもう一つの言葉を引いておく。

こんにちは！　その後お元気ですか。がんばっておりますか。

永山の私信も獄中通信も、いつもこう書き出されていた。永山の「元気」は底が抜けている。事実、永山には、「元気」を支えてくれる「底＝根拠」などどこにもなかったからだ。人は支えるものが何もない場所でも、生きているかぎり、いつも「元気」であらねばならない。私は永山則夫の挨拶をそのように受けとめている。この「底抜けの元気」は私を鼓舞する。

注　細見和之『永山則夫　ある表現者の使命』は、作中で「新論理学」創始者の死刑はまだ執行されていないのではないか、と指摘している。

永山則夫の「歌の別れ」

——河出文庫『人民を忘れたカナリアたち』解説

（一九九八年二月四日発行）

永山則夫が逮捕されたのが一九六九年四月七日。獄中で筆記許可がおり、一冊目のノートの最初のページに、「ノート君、私は君を擬人化して書いていくつもりだ。ある時は君に、君を失うような事を言うかも知れない。また、ある日は君に、八つ当たりするかも、そして、君をばらばらに破くかも知れない……」（傍点原文）と書き出したのが六九年七月二日。以後十冊分、一年半にわたるノートは『無知の涙』として刊行された。本書『人民をわすれたカナリアたち』が収録するのは、十一冊目のノートから、七〇年十一月四日以後の記事である。

『無知の涙』から読み進めてきた読者は、本書を開いて、この一年半の永山則夫の変貌に、正確には、永山則夫の文章の変貌に、どんな印象をもつだろうか。

明らかに文章のスタイルが変わった。それを端的に、詩から散文への変貌だといってもよいだろう。かつて、「詩は、今の私自身にとって生きる為の食物と同様で離し難いものに成った」（六九年八月六日）と書いた永山が、ここでは、「私は、短歌詩を捨て、現今において詩をも捨てようとしている」（七一年七月二十一日）と書くにいたる、そういう自覚的な変貌である。

いわば私たちは、永山則夫における「歌の別れ」に立ち会っている。永山はいま、自分の中にある詩的なもの、抒情的なものを捨てて、知識的なもの、理論的なもの、思想的なものによって自分を鍛え上げようとしているのだ。

むろん、その知識、その理論、その思想の中心にはマルクス主義が位置している。マルクス主義を学習することで、彼は「独りぽっちの革命家」、つまり、孤独な、しかし「豪毅な」、闘争する主体として自分を確立しようとしている。「私は増々豪毅な心持ちで前進している」（七〇年十一月八日）。

永山則夫における主体の獲得。それはめざましい覚醒のドラマである。だが、一方で私は思う、そのことはほんとうには何を意味したのだろうか、と。

『無知の涙』の永山は、ことにその前半部で、さまざまな文章のスタイルを試みていた。それはたしかに詩のような形式からはじまっていたが、おりおりの断片的な思いをそのまま定着した短詩がある一方で、長い行分け散文的なものがあり、物語詩のようなものがあり、流行歌や童謡のスタイルをまねたものがあり、俳句形式があり短歌形式がありアフォリズム形式もあった。散文にも、独白し省察するエッセイ体もあれば掌篇ないし短篇小説風の文章もあって、そこには虚構化された三人称の語りもあった。文体も、方言を採用してみたり、論説的文章のなかにわざとストレートな卑俗語を書きつけたり、まじめな言葉のすぐ隣にお道化た言葉を同居させて諧謔の調子を出そうとしたりと、まるで自分の言葉が単一な語り口の中に収まってしまうのを嫌うかのように、いろいろな口調を試していたのである。

周知のとおり、永山の初期ノートはすさまじい漢字書き取り学習と並行していた。独学することは刻苦することである。しかしまた、独学することは快楽でもある。少なくとも、「ノート君」という親密な語りかけの相手をもったことが永山にとって喜びでなかったはずがない。永山は、ひょっとしたら十九年生きて初めて手に入れたのかもしれないこの親密な友人に向けて、自分の声がどう響き、どう届くかを試している。

言葉はこのとき「悲しき玩具」に似ている。それを手に入れたのが獄中だったのは悲しいことだが、唯一使用を許可されたこの「玩具」は、いくら戯れても飽きることのない不思議な効果を発揮する。彼は、この不思議な「玩具」を用いて、自分の心のあちこちをいろんなやり方で押してみたり叩いてみたりする。すると心は、まるで複雑に組み立てられた精巧な楽器のように、いろんな声を発するのだ。たぶん、自分の心というものとこんなふうに向き合うことも、十九年生きて初めての体験だったろう。言葉は、その使い方に応じて、自分も知らなかった自分の心のさまざまな可能性を開いてみせる。言葉のさまざまなスタイルに応じてさまざまな「私」があらわれる。多様な語り口は多様な「私」を解放するのである。

しかし、永山の学習が進むにつれて散文が増えはじめ、やがてノートの大半を散文が占めるにいたる。本書にはもはや、かつて多様な語り口とともにあらわれた多様な「私」はいない。代わって登場するのは、読書し、論評し、思索し、主張し、闘争する「私」である。この単一な「私」、闘争する主体の単一な声が本書を支配する。このとき、言葉はもはや「玩具」ではない。それは彼を鍛えるハンマーであり鉄床《かなとこ》であり、敵と闘争するための「武器」である。

闘争する主体を立ち上げる代償に、内なる「私」のさまざまな声を決然と扼殺《やくさつ》すること。永山則夫の「歌の別れ」が意味したのは、ほんとうには、そういうことではなかったのか、私はそう思うのである。

永山は、七〇年六月末の第十一回公判で、次の英文を暗誦した。そのとき、法廷には異様な緊張が張りつめたという。

Poverty kills the social sentiments in man, destroys in fact all relations between men. He who is abandoned by all can no longer have any feeling for those who have left him to his face.

これは河上肇の『貧乏物語』に引用されたボンガーの『犯罪と経済状態』中の言葉である。自分はなぜ縁もゆかりもない人々を四人も射ち殺してしまったのか、と自問自答しつづけた永山が、いま、自分の指にピストルの引き金を引かせた巨大な力の正体を名指しする。それは自分の人間性を破壊しつくした貧困のせいである、自分を貧困の中に放置した社会の仕組みのせいである、と。これは永山則夫による、社会という「敵」を相手取っての孤独な闘争宣言だった。そして、この闘争宣言の前後から、彼のノートの中で散文が圧倒的な優勢を占めはじめる。

永山は、「理由なき犯罪」「動機なき殺人」とも思われた彼の犯行の「理由」と「動機」を、このようにして定式化する。この定式化はまちがってはいない。まちがってはいないが、しかし、それは「正確」ではないのではないか、と私は疑う。少なくとも、それは彼の「理由」、彼の「動機」のすべてではないのではないか。単一の主体の定立がさまざまな「私」の声を制圧し切り捨てたように、ここでも永山は、彼の犯行の多くのニュアンスを敢えて切り捨ててしまったのではないか、と私は思う。

たとえば七〇年八月二十六日の第十五回公判で、発言を許された永山は、情状など必要ない、「資本主義社会において階級闘争があるかぎり、情状などというものはない。搾取されるか、搾取されないかによって、こういう事件が起きてくるのだ」と述べた後、こうもつづける（佐木隆三著『死刑囚永山則夫』による）。

それで自分は、今でも事件を起こしたことを、まったく後悔していない。そのことも言っておきたい。東京プリンスホテルでやったのは、金持ちが憎かったからだ。アメリカ軍基地に入ったのは、あそこでカネを盗んでも、罪にならないと思ったからだ。自分には情状をくれるより、死刑をくれたほうがよい。

ここには、自分は決して誰からも理解されないだろうという深い絶望がある。絶望が反転しての憎悪がある。憎悪を尖らせた闘争の言葉がある。「階級」や「搾取」といったその言葉は、学習によって獲得されたものだ。こうして彼は彼の憎悪を階級的憎悪として定式化する。そして、この定式化された言説の場所から、彼はあらためて犯行の際の自分の心の現場を照らし返す。すると、犯行の「動機」や「理由」はこのような言葉の形を取るしかない。だが、それはほんとうだろうか。

後に永山は一連の自伝小説を発表するが、そこには世界の悪意におびえる少年がいる。この傷つきやすいやわらかな心をもった少年が、あるとき不意に、世界への反撃に転じる、それが彼の犯行である。彼の自伝小説は九〇年の死刑確定によって途絶したから、その反撃に転じる決定的な場面を彼は小説の言葉で描かなかった。しかし、もし描いていたら、決してこんな言葉にはならなかったろう。「金持ちが憎かったからだ」というのは、たぶんまちがってはいない。しかし、それは「正確」ではない。

私の手元に、「精神鑑定批判」という永山の文章のコピーの綴りがある。永山は二回にわたって精神鑑定を受けているが、その鑑定結果に異議を唱えたものだ（これは「控訴趣意書」の一部である）。彼はそこで、たとえば脳波異常を指摘した石川鑑定を批判する。石川鑑定はある意味で永山に有利なものだが、それを批判することには彼の人間としての誇りが賭けられている。そもそも彼は、精神鑑定が被験者をモノ扱いするという根本的な、しかも無自覚な権力性に対して反発している。私たちは、永山の孤独な獄中闘争が、人間としての最後の尊厳を賭けたものであったことを忘れてはならない。

そこにこんな記述がある。

「母の愛情の欠如」の幼児期における影響作用は、神経症として表出したものを挙げると、夜尿症の中学一年頃までの持続、外傷としては、左頬の火傷ケロイド、左手人差し指の負傷、右手小指の負傷、等がある。さらに、学校を休み、「家で漫画ばかりかいている」とか学校で勉強用「ノートに漫画ばかりかいている」といった後遺症としての神経症は、真夜中に青森市の児童相談所係員二人に電灯をあてられてのものであり、無意識の世界では主要発因となるものであり、本件四件の殺人現場では夜間の懐中電灯《かいちゅうでんとう》やヘッドライトがこの起因となっているので密接《みっせつ》に深層心理では関係があるものである。（ルビ原文）

文脈に多少わかりにくいところはある。しかし、永山がここまで深く自分の犯行の心の現場を内省していたことに注意してほしい。そして、この内省が正確なら、犯行の現場には、やはり、憎悪する少年だけでなく、おびえる少年もいたのである。だが、永山の闘争する主体による犯行の定式化は、このおびえる少年を扼殺してしまう。彼が選び取った闘争する言葉のスタイルは、おびえる少年の声を記述できなかったからだ。

永山が「私は、短歌詩を捨て、現今において詩をも捨てようとしている」と書いたのは、七一年七月二十一日の夜明け前、あるアンソロジーで中原中也の「骨」という詩を読んでの感想の一節だった。永山はこの詩の全文を書き写してさえいる。永山がノートに詩を書き写すのは異例のことだ。

中原の詩の何に永山は共鳴したのか。「骨」は死後の世界から生前の自分を眺めている。そのまなざしが死刑を覚悟していた永山の心にしみたのはたしかだと思われる。しかし、それだけではないだろう。

永山は、「中原中也という一風変わったプロレタリア的な詩人」と書いている。むろんこれは誤解である。中原は実際には資産家の放蕩息子だった。にもかかわらず中原が永山の眼に「プロレタリア的」に映ったとすれば、それは中原の詩に永山が「貧しさ」を感じとったことを示している。だが、その「貧しさ」は、彼が闘争の拠点として設定したルンペン・プロレタリアートの「絶対的な貧しさ」とは性質を異にしたものだ。

中原中也はたしかに「貧しさ」の詩人だった。しかしそれは、いわば「心の貧しさ」なのであり、その「心の貧しさ」は、中原の語り口としての「貧しさ」と切り離せない。中原は、決して世界を高みから見下ろすことなく、低い場所から、ありふれた言葉で、虚栄を排して、どんな弱点もつくろうことなく、自分の心を歌おうとしたのである。それは永山の初期の詩にも共通する語り口だ。

けれども永山は「歌の別れ」を決意する理由を、「貧弱なわが思想の文綴りを、詩にした場合、尚更それが顕著になるという小心翼々たる杞憂が支配するからでもある」と書く。これは正直な記述である。この正直さは中也的なものだ。だが、永山はこのとき、自分の「貧弱」で「小心翼々たる」弱さを隠そうとしている。それは反・中也的なものだ。永山はこうして、中原中也と出会い、すれちがう。それが永山則夫の「歌の別れ」だった。

私は永山に、最後まで自伝小説を継続してほしかった。永山はそういう私の希望に対して、それは思想家・永山則夫をただの私小説作家に矮小化するものだ、と反駁した。

　だが、私の思いはいまも変わらない。「金持ちが憎かった」という憎悪の声と懐中電灯の光にすらおびえる少年の悲鳴と、両方をいっしょに記述できる言葉、他人の安易な同情をはねつける峻厳な「絶対的な貧しさ」の思想と中原中也的な「貧しさ」の語り口とを共存させる言葉のスタイル、私は永山にそういう言葉をもってほしかった。そういう言葉によって、彼の犯行を描いてほしかった。そのときはじめて、ほかの誰でもなく、それが永山則夫の犯行であったこと、永山則夫の犯行でしかありえなかったことの意味があらわれるだろう。小説とは、そのような可能性を秘めた言葉のはずだと私は思う。

　永山は七一年七月二十九日の夜に「われわれは自然へ！」という詩を書く。「とにかく字を　字を覚えよう」と呼びかけるその詩で、永山は、「ホラホラ」という中原中也用語を二度も使っている。永山はいわば、資本主義による人間疎外批判という思想を中也的に歌うのである。そして、中也的な口調を採用したとたんに、永山の言葉はなめらかさとしなやかさを獲得している。私が望んだのは、たとえばそういう言葉だった。

貧しい者の「事実」──『死刑確定直前獄中日記』解説

河出書房新社『死刑確定直前獄中日記』（一九九八年六月二十五日発行）

デマに勝つのは事実しかないとするのが貧しい者のやり方だ。
──永山則夫『反─寺山修司論』

永山則夫は一九六八年の十月から十一月にかけて、東京、京都、函館、名古屋とあい次いで四人の人間をピストルで撃ち殺し、翌年四月七日に逮捕された。当時十九歳だった。逮捕後、その極貧の生い立ちが問題となり、裁判も、一九七九年東京地裁判決死刑、一九八一年東京高裁判決無期懲役、と揺れたが、一九八三年最高裁は原判決を破棄し高裁への差し戻しを宣告、最終的に、一九九〇年五月八日、死刑が確定し、一九九七年八月一日、東京拘置所内で死刑が執行された。本書は、死刑確定前後、一九九〇年三月四日から五月十四日までの日記である。

私は編集部から送ってもらった大量のコピーでこの日記を読んだ。私が読んだのは一九八九年の八月十八日からの分なので、本書の三倍の分量になる。

永山の日記は便箋に書かれていた。大学ノートのようなものを予想していたので意外だった。便箋はB5サイズ、十五行分の縦罫があり、下端中央に小さく「FUJITSUBO」というマークが入っている。日記は日付の変わり目を一行あけて書かれているが、縦書きの部分と横書きの部分がある。彼が発信した手紙文の写しは横書き、それ以外、通常の日記記述やハガキ文の写しは縦書きになっている。永山は手紙を書くとき、この便箋用紙にカーボン紙を挟んでコピーを作ったのだという。手紙は横書きで書いたから、そのカーボンコピーした部分だけ横書きになっているのである。

手紙の写しも含めて、便箋の右上隅には一枚一枚、五桁の通し番号がふってある。通し番号の脇には丸カッコの中にもう一つ五桁の通し番号が記入されている。ちなみに、一九九〇年三月四日の便箋の番号は２７６４３（２９９７５）であり、五月十四日の最後の便箋は２８０３８（３０３７０）である。つまり本書は三百九十六枚分を収録していることになる。

なぜ便箋なのか、なぜ番号に二種類あるのか、そういう小さなことが気になったので、永山の遺品の整理をされ、保管もされている「永山こども基金」の市原みちえさんにきいてみた。

永山は初期には、拘置所から使用を許可された大学ノートを使っていたが、彼の関心が多岐にわたるようになるにつれて、読書ノート、ヘーゲル『大論理学』批判ノート、日記、というように、用途別に何種類かに分けるようになった。日記用に便箋を用いたのは、書簡の写しを作りやすいという便宜もあったろうが、使用を許可されるノートの冊数に規制があったからかもしれない。また、便箋の方が獄中から小刻みに「宅下げ」しやすいという利点もあっただろう（私が読んだ範囲でも永山は何回かこの日記を宅下げしている）。

永山の日記は、『無知の涙』等に収録された初期ノートから分かれて以来、一九七二年五月十八日から一九七八年十月三十日までのものが「動揺記」、一九七八年十月三十一日から一九八三年三月十日までのものが「回復記」と題されていて、以後、一九八三年三月十一日から一九九〇年五月十四日までのものは無題である。通しナンバーが二種類あるのは、一つは一九八三年三月十一日を起点とする番号、もう一つ、丸カッコ内の大きい数字は「動揺記」からの通し番号である。彼はつまり、一九七二年五月十八日以来、ほぼ十八年間に三万三百七十枚の日録を記しつづけたことになる。

私は、ささいな事実にこだわっているようにみえるかもしれない。だが、本書を通読すればわかるように、永山はここに、発信受信の記録や差し入れ品・宅下げ品のリストといった「ささいな」、しかし動かしようのない「事実」だけを記録しつづけたのである。そういう「事実」こそが永山にとって重要だったからだ。――「今便では、日記（27364〔29696〕～27769〔30101〕）、をお送りいたします。／後に、大事なものとなりますので、保管をよろしくお願いします。」（九〇年四月五日）

本書に、過去の罪と来るべき死を見すえた孤独な犯罪者の心境の吐露を期待する読者は裏切られる。永山はいわば、心境や内面を禁欲している。あたかも、どんな深遠な感想を記そうと内面は浮動するが、どんなささいな記録であろうと「事実」は揺るがない、とでもいうかのように。

現に、九〇年四月十七日、最高裁による実質上の死刑確定判決の日にも、彼は一行の感想も書かない。また、九〇年二月二日には、五桁の通し番号がいつのまにか一番だけずれてしまったことに気づいて、井戸さんに宅下げ分の調査と訂正を依頼している。この徹底ぶりには何か決然としたものがある。

永山は独学によって、マルクス主義を批判しつつ「ルンペン・プロレタリアート」と市民が共生できる「仲間殺し」のない社会の理念を構想し、また、ヘーゲルの論理学を批判しつつ全科学の基礎としての独自の「新論理学」を構築しようとした。それは強靱な意思と驚くべき学習量に支えられた思想的営みだった。

だが、長い独房生活の中で、彼が身をもって実践したのは「事実」という思想だったのではないか、と私は思っている（彼の小説も、彼自身の位置づけにおいては、「生きざまさらし運動」の一環としての「事実」の記録である）。

それは彼の身についた思考の流儀であるとともに、あらゆる言説がそこに準拠すべき基底であり、果てしなく継続する彼の闘争の方法でもあった。それゆえ私は、それを永山の「思想」と呼ぶ。

それはまた、「真実」と呼ぶより「事実」と呼ぶ方がふさわしい。「真実」というものが、出来事に付帯する心情や出来事の意味の解釈に関わるニュアンスをもつのに対して、永山がこだわらざるをえなかったのは、もっと基本的な、出来事の存否の認定そのもののレベルだったからだ。

たとえば彼は、小学校の記念写真に写った彼の制服のズボンの膝に穴があいていたかいなかったかというような問題をめぐって、母親の証言を反駁する。それはいかにも小さな「事実」だ。けれども、この小さな「事実」が否認されれば、そのときカメラを見つめながら握りこぶしでその穴を隠さなければならなかった自分の屈辱という内面の「真実」もまた存在しなかったことになってしまう。だが、母親はその「事実」を否認し、マスコミを含めた誰もその小さな「事実」の重要性を理解しようとしない。そのことに彼はいらだち、憤る。

まず「事実」が承認されなければならない。「事実」の認定がないところにどんな「真実」も構成されない。人は、ないものの上には何も築けない。だから、あらゆる「事実」は記録されなければならない。そして、「事実」の記録は、意味や解釈を排して、どんな主観をも承伏させるような堅固な客観性をもたなければならない。「意味」や「解釈」はすでに主観性の領域に属している。

永山にとって、「事実」とは、突き詰めれば、「ある」という唯一の述語しかとれないものだ。それ以外の多様にして豊富な述語はすべて主観であり解釈であり、恣意性を免れないのだから。その意味で、「事実」は貧しい。「事実」の側に立つとは、この貧しさを引き受けることだ。そして、この貧しさこそが、あらゆる豊かなもの、意味や解釈という浮動してやまない主観性の領域を支える基底であることを身にしみて思い知ることだ。

だが、「事実」の認定は、つねにすでに「解釈」と地続きである。そのことを、「静岡事件」という重大な「事実」の認定をめぐって法廷闘争を展開した永山が知らなかったわけではない。永山自身、いくつかの「事実」から、隠蔽された「権力犯罪」を推定するために独自の推理・解釈を遂行せざるをえなかったのだし、同じ「事実」を解釈して、法廷は永山の主張を斥けたのである。

人は、「ある」という述語を確定するためにすら、他者との際限のない言説的抗争に入り込んでしまうのだ。しかもこの抗争は対等の立場でおこなわれるのではない。言説的抗争の場には、あらかじめ権力関係による決定的な力線が引かれている。抗争に敗れれば、あったこともなかったことになってしまう。「ある」という一語をいうために、人は膨大な言葉を紡がなければならない。それが、永山の言葉の置かれていた環境だった。この日記の言葉も例外ではない。

にもかかわらず、いや、だからこそ、「事実」は浮動する主観性を凌駕してそこに「ある」、あらねばならない、いっそう正確には、あらしめねばならない――永山則夫はそう考える。遺された膨大な日記は、そこに付された五桁の数字は、それ自体、「ある」という貧しい述語を守るための永山の抵抗と闘争の実践である。

私は、永山の「事実」という思想の背後に、彼の「捨て子」体験や犯行の光景を透かし見る思いがする。それはどんな主観性にも回収されない出来事として、むき出しのままそこに「ある」。それはまぎれもなくそこに「ある」のだが、しかし、それに触れようとするたびに、言葉は難破し、内面は壊れる。言葉と内面の残骸を凌駕して、なおそこに「ある」もの。「それを思い出すと、このノートは不要に成る」(『無知の涙』)。

そこにおいて内面という豊かさの幻影が壊れ、そこにおいてあらゆる言葉が難破するこの「事実」。「事実」は言葉を拒絶する。だが、同時に、「事実」は不可避的に言葉を吸い寄せる。この逆説をだれも逃れることはできない。永山も、あたかも「それ」の周囲を言葉で埋めるかのように膨大なノートを書きつづけたのだし、少なくとも、「捨て子」体験は小説として書いた。このとき永山は、「事実」と言葉とをめぐるねじれた関係に覚醒した。私はそう思って「作家の誕生」と題する永山則夫論を書き、それが永山とわずかな交流をもつきっかけになった。――しかし、私事にわたるのはやめよう。

私は最後に、ただ「事実」だけを書き残そうとした永山の意思を尊重して、以下に二つの「事実」を記しておく。

一つは、永山が日本文芸家協会に入会申請をし、文芸家協会がそれを拒否した事件のことだ。この多くの無理解と誤解によって紛糾した事件については、すでに関係者のいくつかの証言が報道されており、永山自身の反論もメディアに発表されているが、私は、本書に収録されなかった永山の日記の一節を引用しておきたい。それが、この事件に多少の関わりをもち、かつ、この日記を読んだ者としての最低限の義務だと思う。

まず、九〇年一月十九日（金）の記事。初めて入会申請の説明を受け、勧誘された日の記事である。

> 昼前、A氏が、近日中に速達で届く、日本文芸協《（ママ）》会への入会書について話し、桐山襲さんが、「何かしたい」ということで、協会への入会の賛意者と、理事の賛意者を一人ずつ必要とするところ、彼と、理事の加賀乙彦氏がなって、提出したいとのことだ。『ソオ連の旅芸人――』をその審査会の対象本としたくないらしいので、この本の世界にとっての重要なことを話す。来週も来るという。20分位。どうもありがとう。

つぎに、同日付A氏宛ハガキ文面から。

入会のことですが、桐山さんたちの心だけお受けすることになるかも知れません。状況が状況ですので、政治的になって行くと思います。一部の推薦や一部の理事の賛成ではなくて、全会員の三分の二以上の賛成を求める運動にして行かないと、協会にシコリを残し、あるいは分裂活動へと向かうかも知れません。そこまで運動する人がいますでしょうか？　ですから、気持だけで十分であると思っています。

この後、一月二十五日の面会時の重ねての勧誘で永山は同意し、以後、事態はほぼ永山の当初の予測どおりに進行し、善意の人々が傷つくことになるのだが、私はただ、永山の一番最初の、それゆえ何の成心もない言葉だけを引用した。

最後にもう一つ、最も気がかりな「事実」について書き留めておかなければならない。ほかでもない、本書収録分以後の永山の日記についてである。

本書収録分は九〇年五月十四日、永山の下獄の日で終わっている。永山がこの日をかぎりに「事実」の記録をやめたとは信じがたいにもかかわらず、以後の永山の日記は残っていない（それにしても、最後の便箋に書き写された井戸さん宛のハガキはなぜ五月十一日付なのだろう。そして、その書写の文字がひどく乱れているのはなぜなのだろう）。

雑誌「文藝」一九九八年三月号別冊「完全特集　永山則夫」で、市原みちえさんは、「書き続けていたはずの「日記」は消えた。／書いたはずだ。無念を、怒りを、遺言を。」と書いている。市原さんによれば、遠藤弁護士の問い合わせに対して、「日記について　未交付物はありません」というのが、九七年十二月一日付での東京拘置所の文書回答だったという。

私は、下獄以後の日記があるはずだというのは単なる推測なのか、それとも何か根拠に基づくものなのか、市原さんに尋ねてみた。根拠はあった。

永山は九三年三月三日付で「宅下願理由書」を書いている。この申請は許可にならなかったらしい。そのコピーがいま私の手元にある。以下に書き写す。

宅下願理由書

永山則夫

一、日誌ノート（①〜⑥）につきましては、長期裁判になった事由が、当局が少年法改悪のための違法捜査をもみ消すためであった事、これが関係者の誌上発言で判るところ、これを本人が発見した事、その雑誌名が号数等と共に判る事、本人の精神状態が判る事、等のためです。

二、文章学ノート（15冊、㉝〜㊼）につきましては、本人の精神状態が判ること、死刑の犯罪性が判る事、国益および国際上の有益が、才能が判る事、のためです。

三、両ノートは、再審請求の理由を説明する上での情状証拠として必要なためです。

一九九三年（平成五年）三月三日

東京拘置所々長殿

ここに記された「日誌ノート①~⑥」は、下獄以来書きつづられた日記だったと推測するのが最も自然であり、かつ、それ以外の解釈は困難だろう。そして、申請が却下されたからには拘置所内にあると考えるのが最も自然であり、かつそれ以外の解釈も困難だろう。現に、「文章学ノート（15冊、㉝~㊼）」（いわゆる読書ノートである）は永山の刑死後、遺品として拘置所から引き渡されている。確かにあったはずのこの「日誌ノート」が行方不明なのだ。

「ある」という貧しい述語をひたすらに守ろうとした永山の抵抗の記録は、こうして失われた。あったはずのものはなかったものになった。だが、あったはずのものは、それでもやはり、「ある」はずのものではなかろうか？

人を殺す少年たちの言葉

「ふぉとん」第2号（二〇〇六年四月発行）
後に『暴力的な現在』に収録

一九九七年の五月、切断した少年の頭部を学校の正門に置いた神戸の中学三年生は、「懲役13年」という文章を書いていた。文章はぎこちなさを残しているがかなりの強度を保った思弁が展開されている。1から5まで番号が振られたパートのうち、5を引用する。

魔物（自分）と闘う者は、その過程で自分自身も魔物になることがないよう、
気をつけねばならない。
深淵をのぞき込むとき、
その深淵もこちらを見つめているのである。

「人の世の旅路の半ば、ふと気がつくと、
俺は真っ直ぐな道を見失い、
暗い森に迷い込んでいた。」

前半はニーチェの『善悪の彼岸』、後半はダンテの『神曲』からの引用（部分変更）である。原典

を読んだわけではなく、小説や映画で印象に残った文章や科白を覚えていて、それらを継ぎはぎしたものらしい。

　彼は少年法の知識はなかったというから、「懲役13年」という題は、人を殺しても死刑にはならず懲役刑で済む、という意味ではなく、彼自身のそれまでの生の全行程の暗喩と読むべきだろう（犯行時、彼は十四歳だった）。この文章は、自分の「心の独房の中」に「魔物」が住んでいる、とはじまっている。それなら、「13年」にわたって「心の独房の中」に閉じ込めてきたその「魔物＝自分」が、とうとう刑期を終えて解き放たれる時が来た、ということであるかもしれない。

　十四歳の少年は、自分自身の暗い衝動に追い詰められるようにして、自分とは何か、と問うている。いま・ここで人を殺そうとしているこの自分、世の中の誰とも共有できない恐るべき欲望に苦しむこの自分とは何者であるか——その謎の一点に向けて彼の思念は白熱する。だが、彼はまだその思念を自分自身の言葉として展開することができない。彼はかろうじてそれを、他人たちの言葉の切り貼りに託してみる。これはそういう性質の文章であるらしい。

　ところで、二〇〇五年十一月一日、静岡県で十六歳の高校生女生徒が母親に劇物タリウムを盛った容疑で逮捕された。彼女は別に母親を憎んでいたのではないようだ。彼女はむしろ一種の毒薬マニアで、毒薬の効果をモルモットで実験するように、母親で実験したのである。殺すのが目的ではなく「実験」が目的だということだ。現に彼女は、母親にタリウムを盛る前に、ハムスターに少量の毒を与えて観察日記をつけている。同様に彼女は、衰弱していく母親の容態を冷静に観察して、インターネットのブログに観察日記を載せるのである。当然そのブログは閉鎖されているが、部分的には、引用コピーされた文章を今でもネット上のあちこちのサイトで読むことができる。

そこには神戸の「魔物」についてのこんな感想も記されている。(「僕」というのは、彼女がこの日記を男名前で書いているからである。また、彼女は日記に日付ごとにタイトルを付けていて、「残酷な現実感」というのはこの日の記事のタイトルである。なお、いまネット上で収集できる彼女の日記は各日付の冒頭部分だけなので、私の引用も途中で途切れている場合がある。)

《唐突だけど、僕は酒鬼薔薇少年が好きではありません。自作の詩だという「懲役13年」は、神曲等の有名な詩を切り貼りしただけの代物ですし。犯行声明も何処か……》(「残酷な現実感」七月三〇日)

十六歳の彼女は、他人の言葉の切り貼りでしか自分を表現できない十四歳の少年を、少しばかり軽蔑しているらしい。

では、彼女自身はどんな言葉を書いているか。

《道を歩いていた野良犬を蹴ったら、キャンキャン喚きながら、地べたを這いずり回った。あはは、まるで本当の犬みたい。》(「本物」七月十四日)

この記述には多少の演技を感じる。実際、自分を「僕」と記す彼女が、この日記のなかで演技をしていないはずがない。しかし、ネット上に公開される日記であれ、机の抽斗に秘匿される日記であれ、書かれた「私」が書かれた「私」としての独立した人格をもつことにかわりはない。その意味で、ここには、演技臭が強い分、それだけ、彼女の文章が志向する自己像がくっきりと浮かんでいる、ということもできるだろう。そして、その像は、自分自身の手製の神を「バモイドオキ」（「バイオモドキ」、すなわち生命もどきのアナグラム）と名づけた神戸の少年と似通っているのである。

《そんな事は在りえないけれども、もし、一度だけ生まれ変われるとしたら、僕は植物になりたい。大きな喜びは無いけれど、代わりに深い悲しみも無い。感情は波……》（「流れと波」七月二三日）

動物的な熱い生命よりも植物の冷えた生命を、ということか。彼女の内部にも、感情や欲望が激しく渦巻くことがあるのだろう。彼女はたぶん、生命というものに付きまとうその過剰が忌々しいのだ。（神戸の少年もこんな言葉を残していた。《もし、生まれ変わるのなら、亀になりたい。そうすればほかの動物に危害を加えられることがあっても、自分が危害を加えることがないので、つらい思いをせずに暮らしていける。》これは犯行前の言葉ではなく、神戸少年鑑別所で書いた作文である。彼もまた、もう取り返しがつかない、という痛恨の思いとともに、動物的生命というものの酷さを忌避するのだ。——猫殺しを繰り返していた彼は、一方で、中学二年生の夏休みに道で拾ったミドリガメを大事に飼育しつづけていた。犠牲者になった年下の少年もそのミドリガメを見に何度も彼の家に遊びに来ていた。そして彼は、犯行の日、「山に亀がいるよ」といってその少年を誘い出したのだった。）

彼女の文章は、総じて、詩のようなもの、凝縮されたアフォリズムのようなものを志向している。たとえばこんなふうに。

《時の流れ、命持たざる者の静かな優しさ、何も語らず何も拒絶せず、そこに在り続ける朽ちて行く自らを嘆きもせず》（「屍」八月九日）

《嗚呼、如何か僕をお許し下さい迫害の風に晒されて空へと飛んだのは5年前夕焼けは甘く海へ溶け込み浜の魚は月を見上げた遠い宇宙に浮かぶ月はまるで水の中にい……》（「魚族哀思」八月二三日）

次は母親が入院した日の日記。犯罪者の正確な心理記述だ。彼女はむろん、自分のユニークな犯行に自負をもっている。

《隠れる事は喜びでありながら、見つけられない事は苦痛である。見つけられることは危険である。しかし其の逆に、自分が存在していることを確認するためには、誰かに見つけられるしかない。》（「かくれんぼ」九月二七日）

そして、最後の日記。（この五日後、彼女は服毒自殺を図って入院し、退院と同時に逮捕された。）

《蒼ざめた馬の通る道に、規則は存在しない。暗闇を進む足跡は草木を枯らし、死を招く。其処に生命は宿らない。在るのは寂しい同じ形。彼等は規則の存在を許さ……》（「麻薬」一〇月一六日）

私はこれらの文章をたいへん興味深く読んだ。これだけの強度をもった言葉を書ける十六歳はめったにいまい。もちろん、たとえ他人の言葉の切り貼りであろうと、あれだけの強度を保った自己認識を書ける十四歳もめったにいないのである。だから私は、際物としてこれらの言葉を紹介したのではない。

しかしまた私は、彼らの早熟な「文才」を称揚したいわけでもない。彼らがこれほどの言葉の強度を手中にできたのは、ひとえに、彼らの思念が「死」という一点に向けて引き絞られていたからだ、と私は思う。そういいながら私が思い浮かべているのは、もう四十年近くも昔の十九歳の殺人者・永山則夫のことである。

逮捕後に押収された『中学・社会科学習小事典』の欄外に、永山はこんな文章を書き付けていた。

《私の故郷（北海道）で消える覚悟で帰ったが、死ねずして函館行きのどん行に乗る。このｏｎｅ ｗｅｅｋどうして、さまよったか分らない。私は生きる。せめて二十歳のその日まで。最悪の罪を犯しても、残された日々を、せめて、みたされなかった金で生きるときめた。母よ、私の兄姉妹よ。許しは乞わぬが私は生きる。寒い北国の最後のと思われる短い秋で、私はそう決めた。》

この文章は、パセティックな抒情をたたえて張りつめている。しかし、以後、永山は二度と、こんな文章を書くことはなかった。というより、書けなかった。なるほど彼は獄中で「学習」し、その成果を獄中ノートとして出版した。彼のノートは詩から始まっている。しかし、それらの詩の大半は弛緩した歌謡曲調に流れている。やがて散文が出現するが、その散文も不熟でぎこちない。つまり、永山の獄中ノートの文章は、スタイルが不決定のままいくつにも分裂している。その意味で、この張りつめた文体は、「無知」なる永山則夫に与えられたただ一度きりの「恩寵」のようなものだった。おそらく、この奇跡的な「恩寵」は、彼が「死」というものに（他者の死に、己の死に）向き合いつづけたその報酬として与えられたものだったろう。だが、たちまち「恩寵」は彼を見捨て、彼の言葉は壊れるのである。

私は思う。九年前の神戸の十四歳の少年や半年前の静岡県の少女は、その後もその文章の強度を持ちこたえることができただろうか、あるいは持ちこたえることができるだろうか。彼らにも、やがて永山の場合と同じ、壊れがやってきたのではないか、あるいは、やってくるのではないか、と。（彼らの言葉に強度を与えたのが「死」であるなら、同じ「死」が彼らの言葉を壊すのだ。）

永山がいったん失われた文体を再び見出すのは、獄中ノートの時期を終えて、小説を書き出したときである。文学の文体とはそういうものだろうと思う。つまり、奇跡的な条件から見放された後に、努力して回復されたものだけが文体と呼ぶに値するものなのだろうと思う。

内部の人間／外部の人間——秋山駿著『内部の人間の犯罪』解説

講談社文芸文庫『内部の人間の犯罪』（二〇〇七年九月十日発行）

秋山駿は一九六〇年に小林秀雄論で「群像」新人文学賞を受賞して文芸ジャーナリズムに登場したが、彼がユニークな批評家としての相貌をくっきりと文章に刻みはじめるのは、自分の思考の主題に「内部の人間」という独特な名辞を与えたときからである。

秋山が「内部の人間」というとき、そこには三人のモデルがいる。

一人は彼の愛する詩人、中原中也。詩は魂の純粋な告白であり、純粋な告白であるためには言葉はいかなる虚栄も含んではならぬ、そう考えそう実践した詩人だ。

秋山は中原中也を論じたエッセイで、「内部の人間」というものをこう定義する。

彼は、生活という現実的な行為の中心に、私はいかに生きるかという問いをおく。さらに、私はいかに生きるかという抽象的な煩悶の中心に、私とは何かというもはや言葉にもならぬ、あいまいな、不確実な、無用の思惟をおく。彼はこうして、私という奇怪な存在（彼の眼からみれば）の内部に閉じこめられてしまう。彼こそ内部の人間である。

（「内部の人間——中原中也の場合——」）

「私はいかに生きるか」——それが時に「抽象的な煩悶」へと人を誘おうと、これは人として必ず問うべき、倫理的な、よき問いである。それは社会というものときちんとつながっている。

だが、「私とは何か」——これは倫理ではなく存在にかかわる。危険なのはこちらの問いだ。それは「あいまい」で「不確実」であるばかりでなく「無用」でさえある。なぜならここには答えというものがなく、それでも答えを求めようとすれば永遠とか無限とかいう気の遠くなるような観念を呼び出してしまい、あげく、人の生きる倫理的な水平面を垂直に切断してしまいかねないからだ。

中原中也も、社会的には滑稽な生活者でしかありえなかった。彼はほとんど無名のまま三十歳で窮死したが、それでも、その詩において、彼は「内部」というものをよく持ちこたえよく生きた。

もう一人は、これは小説中の人物、ドストエフスキーの『白痴』に出てくる十八歳の肺病病みの少年イッポリート。余命わずかと診断されたこの少年は、ムイシュキン公爵の夜会の席で、突然、「わが必要なる告白」と題した長い手記を読み上げはじめ、読み終えた後、自殺を敢行するがピストルが不発に終わり、人々に取り押さえられるという滑稽な大騒動を演じてしまう。

イッポリートは半年も病床に横たわって、ただ隣家の煉瓦壁ばかりを眺める日々を過ごしながら、ひたすら、「私とは何か」という問いを、また、そこから派生する系としての、この私はどこから来たのか、なぜここにいるのか、どこへ行くのか、という「無用」の問いだけを問いつづけた少年である。彼にとって、もうひとつの問い、「私はいかに生きるか」など、自分を愚弄する問いでしかありえなかったのだ。

だから、彼の結論はひとつだ。こんな理不尽な運命を分配するこの世界は生きるに値しない。自分はこの結論の正しさを行為によって、つまり自殺によって、実証してみせる。世界がこの私に「無用」を宣告するなら、私の方こそこの世界に「無用」を宣告してやる、というわけだ。

イッポリートの手記に深遠な思想が展開されているわけではない。開陳されているのは青二才の未熟な思考にすぎない。だが、青二才であり未熟であることは真率であることと矛盾しない。たしかにドストエフスキイはこれを滑稽な茶番劇に仕立てた。しかしそれは、真率な「内部」の思考というものが社会という他人たちの面前には愚劣で滑稽な衣装をまとってしか現れえないことを、ドストエフスキイが承知していたからにほかならない。小林秀雄は「『白痴』についてⅡ」で、このイッポリートの告白に多くの紙幅を割いた。それを受けて（といってもよいだろう）秋山駿は長篇エッセイ「イッポリートの告白」をこの少年にささげた。

「内部の人間」の第二のモデルたるイッポリートは、不幸な運命によって「内部」に閉ざされざるをえなかった少年である。よく生きようにもわるく生きようにも、彼は生きる時間そのものを奪われていた。

彼の朗読する手記のなかに、こんな一節がある。秋山駿が「内部の人間の犯罪」に引用している。

いつぞやこんなことを想像して、おかしくてたまらなかった。ほかでもない、もし余が突然いま誰彼の用捨なく、一度に十人くらい殺してみようと考えついたら——なんでもいい、とにかくこの世で一ばん恐ろしいとされていることを、実行してみようと考えついたら、僅か二週間か三週間の命と限られて、拷問も折檻も役に立たない余を相手にする裁判官の窮境はどんなものだろう？

そこで、第三のモデルが登場する。小松川女高生殺し事件の十八歳の殺人者、李珍宇。世界に「無用」を宣告するために、自殺ではなく殺人を選んでしまった少年だ。

事件の概要は以下のとおりである。

一九五八年八月十七日、小松川高校定時制二年の女生徒が行方不明になった。二十日に新聞社に、二十一日に警察に、犯人と名乗る男から電話があり、捜索したところ、高校校舎の屋上で女生徒の遺体が発見された。男はその後も、遺族方や警察に遺品を送りつけたり、新聞社に何度も電話をかけたりした。そうした一連の行為は警察とマスコミに対する不敵な「挑戦」と受け止められ、その不可解さから「動機なき殺人」とも呼ばれた。

九月一日、同校定時制一年の李珍宇が逮捕された。彼は犯行を認め、さらに、その年の四月に彼の家の近所で生じた若い賄《まかない》婦《ふ》殺しも自供した。一審二審とも死刑。六一年八月十七日（女生徒の命日）、最高裁が上告を棄却して死刑確定。六二年十一月十六日、宮城刑務所で死刑が執行された。

彼は二件の殺人は認めたが「姦淫」は否認し、また、自分が殺人を犯したという実感がない、体験が「夢」のように感じられる、ということを最初から述べていた。しかし、検察は強姦目的の殺人と断罪し、判決もそう認定した。つまり、司法はこの「動機なき殺人」にきわめてわかりやすい「動機」を与えたのだ。(実は李珍宇冤罪説というものがある。私は冤罪説には立たないが、取調べと裁判がかなりずさんなものだったことはたしかだ。判決から死刑執行までの迅速さも含めて、ここには、「挑戦」された側の「報復」という一種の国家意思さえはたらいていたのではないかとさえ疑われる。)

在日朝鮮人の帰国運動のさなかに起こったこの事件は、在日朝鮮人社会に大きな衝撃を与えた。そうしたなか、朴壽南《パクスナム》は在日同胞の「姉」として李珍宇に呼びかけ、「弟」として李が応えるかたちで書簡の往復がはじまり、六三年五月、往復書簡集『罪と死と愛と』が刊行された。

朴はそこで、李が行為を「夢」のようにしか感じられないのは、朝鮮人であるにもかかわらず日本人として生きて来た李の主体が偽りによって分裂しているからだ(李は通名として金子鎮宇《しずお》を用いていた)、ゆえに李の主体の回復は民族的アイデンティティの回復なしにありえない、という立場で呼びかけつづけた。

六二年九月十五日の手紙に李はこう書いている。

私はこの残された生をきちがいのように愛している! 最後のそのような時に私は自分を「진우」と認めたのだった。私は「鎮宇」として生きるよりも、「진우」として死ぬ自分を誇りに思う。私はなんだか悲しくて、今涙を流してしまった。

金子鎮宇《しずお》から李珍宇へ、さらにいま、「진우（チンウ）」であることの引き受けへ。李の自己回復はそのようにして成就した。（だが、この二カ月後に李の絞首は執行される。）

一方、秋山駿のエッセイ「内部の人間の犯罪」は、在日朝鮮人としての李珍宇のディテールにほとんど言及することがない。そもそも彼は李珍宇という名前も呼ばない。ただ「少年」と呼ぶ。秋山がねらうのは、「少年」と呼ばれる季節の途上で誰もが通過するある危険な、抽象的でしかし普遍的な、内面のドラマなのだ。秋山はそのドラマを、批評の言葉の抽象力に賭けて描き出そうとするのである。たしかに李珍宇の不幸も彼の犯罪も、彼が貧乏な在日朝鮮人だったという現実の条件抜きにはありえなかった。しかし、「私とは何か」という抽象的な問いを問い詰めると、十九世紀ロシアの都会で肺病病みであることも二十世紀日本の都会で在日朝鮮人であることも、ともに偶然の条件にすぎないものと見えてくるような一点がある。この一点こそ、「内部の人間」のドラマの核心なのだ。

秋山はそこで、「ある種の知的クウデタは、十八歳と二十三歳のあいだに起こる」というヴァレリイの言葉を引用している。そのとき、世界が更新され「私」が更新される。しかし、それはたんに「知的」なだけのドラマではないし、喜ばしいだけのドラマでもない。このとき、見慣れた世界が解体し、世界としっくりなじんでいた純真な自分というものが解体する。自分自身の内側から、新たな、異貌の「私」が誕生して、それが強引に、「内部」の覇権を請求するのだ。この異貌の「私」は、これも更新されつつある世界とのあいだで、軋みに身をよじりながら、ほとんど命がけの闘争をつづけなければならない。それが、批評家・秋山駿が描き出す「内部の人間」のドラマである。

さて、秋山駿の犯罪を論じたエッセイを集めた本書の中心には、李珍宇とともにもう一人、「連続射殺魔」と呼ばれた永山則夫がいる。

永山則夫は、李珍宇の犯罪からちょうど十年後、一九六八年の十月から十一月にかけて、東京、京都、函館、名古屋と、四件のピストル射殺事件を起こし、翌年四月に逮捕された。十九歳だった。

永山が殺したのは、ホテルのガードマン、神社の警備員、それにタクシーの運転手が二人。これは文字どおり居場所をうしなった若者が、手負いの獣のように、一夜の寝場所やほんの数日を生き延びるための金銭がほしくて、逃げ回りながらピストルを発射しつづけたものだった。

中上健次は永山が逮捕された直後に、「犯罪者永山則夫からの報告」というエッセイで、永山は「外部の人間」だと書いた。もちろん秋山駿の「内部の人間」に対してそう書いたのだ。中上の直感は正しかった。

「内部の人間」と「外部の人間」は何が分けるか。言葉の有無が分ける。

中原中也は詩を書いたしイッポリートは長い手記を書いた。李珍宇はあちこちの区立図書館から外国文学を五十数冊も盗んで読みふけっていたし、「悪い奴」という短い習作小説を書いて第二の犯行の直前に新聞社のコンクールに応募したりしている。彼の書簡集を読めば、彼が、「内部」という抽象的な領域を精確に探査し表現できるほどの非凡な言葉の才能をもっていたことがよくわかる。

一方、小学校中学校を長期欠席し、集団就職で上京した永山には言葉というものの訓練がまるでなかった。彼に言葉があれば、職場でのいくつかのトラブルも処理できて、あんな犯罪を犯さずにすんだろうと思うのだが、その能力すらなかった。彼は徹底的に言葉からスポイルされた少年だった。

その彼が獄中ですさまじい学習をはじめ、学習の成果を『無知の涙』『人民をわすれたカナリアたち』等々として出版する。永山が学習したのはマルクス主義という社会科学の言葉である。それは彼に、彼を犯罪へと追いやった外的条件の理解を与えた。この理解によって、彼は裁判闘争を闘いつづける。

永山の裁判は長くかかった。一審は七九年七月に死刑判決。二審は八一年八月に無期懲役。しかし八三年七月、最高裁が差し戻し判決を出し、八七年三月、東京高裁が控訴棄却（死刑判決）。ただちに最高裁に上告したが、九〇年四月、上告棄却。五月八日、死刑確定。少年法「改正」の声が高まっていた九七年八月一日、東京拘置所で死刑が執行された。

永山が「木橋」にはじまる一連の自伝小説を書き出すのは、二審の無期懲役判決以後、つまり、生き延びる希望が見えはじめて以後のことだ。社会科学の言葉は自己というものの一般的理解、外在的理解を教えるが、小説というものは自己の内在的理解、自己が自己であることの固有性の深い認識なしに書けないものだ。「外部の人間」たる永山則夫は長い長い迂回路を経てようやくそういう言葉を獲得したのだ。

私は『捨て子ごっこ』という小説が出たとき、「作家の誕生」と題した永山則夫論を書き、何回か拘置所に面会にも行った。手紙や葉書も交換したが、彼の文面はいつもこう書き出されていた。

「こんにちは！　その後お元気ですか。がんばっておりますか。」まったく永山則夫の「元気」は底抜けだった。つまり、私は永山則夫から、人間は「底＝根拠」などなくても、生きているかぎり「元気」でなければならない、ということを教えられた。

秋山駿は別なかたちで永山則夫とかかわった。永山が九〇年一月に日本文芸家協会に入会申請を出したときの推薦人に加賀乙彦とともに名を連ねたのだ。そのいきさつは本書所収のエッセイに書かれているとおりだ。

「内部の人間」であろうと「外部の人間」であろうと、ノートの言葉にはぎりぎりにまで引き絞られた真剣な思索があり真率な声がある。批評家・秋山駿は、その真率な声に率直に反応するのだ。批評家の資格を決定するのは理論や知識の学習能力ではない、真率な声とニセの虚栄の声とを鋭敏に聴き分け、真率な声には真率に応答を返す能力だ、とでもいうように。

私は最後に、永山則夫の『無知の涙』から、七〇年六月二十五日のノートの一節を引用する。永山が『罪と死と愛と』を読みながら記した言葉だ。本書の読者には蛇足だろうが、「石」のごとき生存とは、「内部の人間」の社会的無用性を強調して秋山駿が使用する比喩でもある。

でも、私は思う、珍宇、あなたは石だ。その辺の道端の石だ、でも、けなしている訳じゃやけっしてないよ。私もその辺の石っころに成ると思う（成りたい）。そしてその石が何時かきっと誰かの手に拾われて、私たちをこのように陥れさせた張本人に投げつけられることを祈って……。

永山則夫と小説の力――「連続射殺魔」事件

『少年殺人者考』（講談社　二〇一一年四月二十六日発行）

1　永山則夫が『罪と罰』を読み了えた日

李珍宇の事件からちょうど十年後、一九六八年の十月から十一月にかけての一カ月たらずの期間に、永山則夫は、東京、京都、函館、名古屋と、たてつづけに四人の人間を射殺して、翌年四月に逮捕された。十九歳だった。「広域重要一〇八号事件」に指定され、「連続射殺魔」とも呼ばれた永山の、「第二の生」とも呼ぶべき長い日々が拘置所の中で始まる。

永山の事件は、たとえば六八年十月二十一日（国際反戦デー）の「新宿騒乱」や六九年一月十八日から十九日にかけての「東大安田講堂事件」に代表されるような、新左翼や全共闘の学生を中心とする〝政治＝革命の季節〟のさなかの事件だった。極貧の崩壊家庭で生い立ち、集団就職で上京し、転職をくりかえしたあげく犯行に及んだ中卒の永山は、いわば彼ら同世代学生たちの反転した暗色のネガだったが、それゆえ、階級社会の矛盾の犠牲者という意味づけの対象ともなり、彼らの支援のもと、マルクス主義理論を中心に、拘置所内での猛烈な「学習」が開始された。

「学習」の過程を記録した獄中ノートは、七一年三月十日、『無知の涙』と題し、「金の卵たる中卒者諸君に捧ぐ」と副題されて、出版された。以後も、『人民をわすれたカナリヤたち』（七一年）『愛か―無か』（七三年）『動揺記Ⅰ』（七三年）とノートの出版はつづく。この間、永山は何度も弁護団を解任したり法廷での不規則発言によって退廷を命じられたりと、激烈な法廷闘争を展開した。

永山裁判の司法判断の中心問題は、簡単にいえば、彼の犯罪における社会の責任と個人の責任をどう判断するかだった。一審は七九年七月十日、死刑判決。二審の東京高裁は八一年八月二十一日、原判決を破棄して無期懲役判決。二審判決に対して検察庁が最高裁に異例の上告を行い、八三年七月八日、最高裁は東京高裁への差戻し判決を出した。八七年三月十八日、高裁の差戻し裁判で死刑判決。最終的に九〇年五月八日、最高裁で死刑が確定した。いまでも死刑判決の妥当性をめぐる議論の際に、永山則夫に死刑を課したときの「永山基準」なるものが話題になるのは周知のことだろう。

永山は高裁での無期懲役判決後には小説の執筆を開始し、八三年二月『木橋』で第十九回新日本文学賞を受賞し、以後、『木橋』（八四年）『捨て子ごっこ』（八七年）『なぜか、海』（八九年）『異水』（九〇年）と、相次いで自伝的小説が刊行された。九〇年一月には編集者の勧めで日本文芸家協会に入会申請をしたが文芸家協会は態度を保留（実質的拒否）、永山は申請を取り下げた。九七年八月一日、東京拘置所内で死刑が執行された。神戸市須磨区での「酒鬼薔薇聖斗」と名乗った中学生による連続児童殺傷事件をきっかけに少年法「改正」の論議が高まっていた時期だった。

その永山が東京拘置所でドストエフスキーの『罪と罰』を読み了えたのは一九七〇年の八月七日

だった。その日のノート（「死する者より・その六十五」）から引く（引用は河出文庫版『無知の涙』による）。

> 朝の麦めしと一緒に『罪と罰』を読み終った。この本は定時制高校に行っている時分買い最初のほうを読んだことがある。それはラスコーリニコフがあの計画の予備行動をした後、マルメラードフの酔った口からラスコーリニコフへソーニャの存在を初めて知らせる場面までだった。
> （傍点原文）

「朝の麦めしと一緒に」というのがおもしろい。彼は飯を食う間も『罪と罰』を放さなかったのだ。そして、飯を食い終るのと一緒に『罪と罰』を読み了える。飯を食うのが拘置所で生きるのに必要な行為であるように、『罪と罰』という小説の言葉を咀嚼するのも拘置所で生きるのに必要な行為なのだ、とでもいうように。

それにしても、「ラスコーリニコフがあの計画の予備行動をした後、マルメラードフの酔った口からラスコーリニコフへソーニャの存在を初めて知らせる場面まで」とは、この長篇小説の第一部の第二章、ほんの入り口にすぎない。外の世界にいたころ、彼はまだこの小説を心《しん》から必要とはしていなかったということか。それとも、小説なぞにかまけていられないほど生活の必要は苛烈だったということか。

ノートの記事は次のように続く。（〔 〕内は文庫編集者が誤字を訂正して補ったもの。以下同様）。

このドストエーフスキィの文学は、「不用意に読めば恐しい破壊力を思考の固まらない若い読者に与えかねない」と小沼氏（井口注—小沼文彦）は解説の文末で言っているが、これは全く本当のことだと思う。季〔李〕珍宇もドストのファンだった。そして、この私も、ラスコーリニコフを真似たような私も、ドストには縁が深いのだ。ドストエフスキィを初めて知ったのはある牛乳屋に居た時、一緒の部屋に同居していた確か「金藤」とかいうその時三つぐらい上の人から聞かされて知った。その人は『白痴』を持っていたと記憶しているが……。そして、この『白痴』もこの『罪と罰』を読む直ぐ前に同じ組織の人から借〔貸〕してもらって読んだ。これでドストの三大作品（井口注—もう一つは『カラマーゾフの兄弟』）は読んだことになる。

ここでも強調の傍点を付したのは私ではない。永山自身である。彼もまた「恐しい破壊力」を身にこうむったというのだ。だが、「ラスコーリニコフを真似たような私」とは、何を指していうことか。永山の犯罪はどこを取ってもラスコーリニコフの犯罪にはまるで似ていない。

ラスコーリニコフの犯行は、質屋の老婆という特定の人間を対象にして、一月半ものあいだ幾度も想像のなかで反復し、実行に際してはちゃんと下見もした計画的なものだ。また、ラスコーリニコフには独特の「思想」がある。人類は法に従うだけの弱者＝凡人とナポレオンのように既存の法を蹂躙して新しい法を立てる強者＝非凡人に大別され、強者＝非凡人はその事業のためには大量の流血も許されている、という例の「思想」だ。貧乏で有為な大学生が「シラミのような」金貸しの老婆を殺して金を奪っても許される、という彼の論理は、その「思想」の縮小応用版にほかならない。

一方、永山の犯罪には特定の対象もないし計画性もない。彼はたまたま窃盗に入った横須賀米軍基地内の軍人家族宿舎で婦人護身用の小型拳銃と弾丸を見つけて盗み、たまたま入り込んだ東京プリンスホテルのプールサイドでガードマンに見つかってピストルを発射し、相手が倒れるのを見て逃げたのだ。後はもう行き場のなくなった自暴自棄の男が、一夜のねぐらと生き延びるための小金ほしさに、逃げ回りながらピストルを撃ちつづけただけである。（二件目の被害者は京都・八坂神社の警備員、三件目の函館と四件目の名古屋の被害者はタクシーの運転手だった。）

もちろん永山には「思想」もない。だいいち彼には、どんな自己欺瞞によろうと自分を強者に分類することなどできはしない。現に住居もなく野宿して日雇い仕事で食いつないでいた彼は、最下層の浮浪者と同様な地位にいる。彼が幼いときに出奔した父親は彼が中学一年のときに遠い地方の駅で野垂れ死にしたが、その父親の運命は、自分自身の未来の姿として、幾度も彼の脳裏をよぎっている。この最低の場所から這い上がろうにも中卒の彼には学歴がない。中学を約五百日欠席した「無知」な彼には、自分を非凡人だと錯覚する権利すら与えられてはいない。そしてそもそも、第一部第二章で巻を閉じた永山はラスコーリニコフの「思想」に出会ってもいなかったはずだ。

ラスコーリニコフの犯罪と永山則夫の犯罪。これほど相容れない正反対の性質の犯罪もない。にもかかわらず、「ラスコーリニコフを真似たような私」と永山はいう。これはいったいどういうことか。永山はこのことをノートにこっそり記しただけではなかった。ほぼ一月後、彼は法廷で、公然と、それを言う。それはただ「言う」のではない。彼はそれを、まるで重大な事実を証言するかのように、あるいは長く秘匿してきた秘密を打ち明けるかのように、「告白」するのである。

九月十日のノート（「死する者より・その六十八」）。

私はとうとう言ってしまった……。――それでいいと念う。若し私が自身の〝告白記〟なるものを書上げる段階になると、これは必ず前提的条件として記さなければならない、確実に記さなければならない事実であるのだから。

それは、事件以前に『罪と罰』を読んでいるという事実だ。例の高校へ二度目の新しくやろうと躊いながらもその門をくぐった時節、この著と国語辞典とを小脇にかかえ普遍的な学生の真似をして、ある学校の屋上で、そして電車の中で、または例の森の小池のほとりで……読み、忘れられないものとなっていた。

永山は二度、明大付属中野高校の定時制に通っている。一度目は六七年四月からのほぼ三ヵ月。二度目は翌年四月からのほぼ一ヵ月。どちらも（別な）牛乳販売店で住み込みで働きながらの通学であり、二度とも、家裁調査官や保護司が職場や学校にあらわれたのがきっかけでやめてしまったのだった。愚かなことに、幼いころから痛めつけられておびえきっていたこの少年は、それだけで自分の「前科」が周囲に知られてしまったと思い込んで逃げ出したのだ。だから、彼が『罪と罰』を読んだのは六八年の四月だったということになる。事件を起こす半年前のことだ。学校の屋上で、電車の中で、森の小池のほとりで、国語辞典を引きながら『罪と罰』に読みふける十八歳の永山則夫……。ノートはこうつづいている。（この傍点も永山自身が付している。）

今、何故この事を言ったのであろうか？　――多分これは、もう死刑になるという恐懼から超越した諦念によるものであろう。そう、死刑囚には戦慄すべきものがないという一個の知識人としての、少くとも唯物史観を手がけている一生徒としての、大胆不敵的生存態度に他ならないのだ。

この事件にある程度の計画性のようなものが有ったのを、世論が知ったら（！）、私への、私の家族への同情は木端徴〔微〕塵に打ち砕かれ、そして私へは物凄き非難・譏謗が浴びせられたであろう。しかし今は言ってもいいのだ、（中略）それが罪あるべき人へ課せられたものとも思うから……。

私がこの事を法廷で平然たる――いや、あの時は少し気が高振〔昂〕っていたのかもしれない――態度で言ってのけたのは、私にはもう兄姉《きょうだい》というものを考えなくともいいという激情ともつかない憎悪からでもあるということを付け加えて置こう。

彼が法廷で「告白」したという私の言い方は正確ではなかった。むしろ、家族（「兄姉」）と完全に絶縁した（させられた）という絶望に駆られて、彼は、この世界の全体を敵にまわしてもいい、という覚悟で傲然と言い放ったのだ。

酔いどれマルメラードフの繰り言までならこうまで昂ぶる必要もないだろう。では、彼は定時制時代にすでに読了していたのか。それなら八月七日のノートには傍点まで付けて嘘を書き、九月十日には真実を述べたということか。しかし、なぜそれは自分用のノートの中でさえ偽らねばならない種類の秘密だったのか。そして今、問われもしないのに、なぜそれを法廷で述べたのか。『罪と罰』読了という事実は、なぜ、死を覚悟して社会全体を敵にまわすような重大な秘密になるのか。「ある程度の計画性のようなものが有った」と彼はいう。だが、彼の犯行に「計画性」などかけらもないことはすでに書いたとおりだ。

永山は『罪と罰』に何か過大な意味づけをしている。それは私には、ほとんど観念的な独り相撲のようにさえみえる。だが、たしかなことが一つある。『罪と罰』は、このとき永山にとって、もはやただの小説以上の何かだったということだ。

合同出版版『無知の涙』の「編集前記」は、「主任弁護士の助川武夫氏によれば、本人の希望で最初に差入れられた書籍はドストエフスキーの『カラマーゾフの兄弟』とチェホフの作品集であった」と記している。

ロシア文学、なかんずくドストエフスキーの名が逮捕前から永山の心に深く刻印されていたのはたしかなようだ。六九年八月七日には、永山はこんな三行分け短歌（石川啄木の形式に倣ったものだ）を書いている。朝の麦めしといっしょに『罪と罰』を読み了えるちょうど一年前のことだ。「ドスト」がドストエフスキーを指すのはまちがいない。私はこの短歌を『カラマーゾフの兄弟』読了直後に作られたものだと想像している。

遙かなる
ドストの母地《ぼち》は遠かりし
若さゆえ吾憧憬せしか

さらにその半月前、六九年七月二十日には、「亜人の卒業式」と題した創作が書かれている。四百字詰め原稿用紙に換算してわずか三枚半ほどの小品だ。

「亜人」というのは永山の造語である。人のようではあるがまだ十分に人ではない、というほどの意味だろう。それはこんな物語だ（河出文庫版編集者の補足を参照して一部の字句を修正して紹介する）。

定時制高校の卒業式で、壇上に上がった卒業生代表が突然、「皆さん、聞いて下さい!!」「私は前科者です!!」という「告白」を始める。自分はこれまで「前科」を隠してよき生徒としてふるまってきたが、隠したまま卒業することはできない。それでは「卑怯者」に、「罪人の中の罪人」に、なってしまう。これまで隠しつづけた自分は「卑怯者」だったが、「四年間皆様と共に苦しみ悩み学んで来たことを認めて下さい………どうか認めて下さい！」彼は壇上で涙ながらに両手をついて跪く。静まりかえった講堂を歩み去るとき、「彼の顔はまるで女神に祝福された様に、さわやかな幸福の笑顔であった。」やがてまばらな拍手が起こり、ついには会場全体が彼に拍手を贈る。

それは総べての教会の晩鐘より美しく、清く、麗かな——あゝ何と言ったら良くあらわせるのでしょうか……とても、とても言葉ではあらわせるものでわ《ママ》ありませんでした。いいえ晩鐘と言うより彼の人世の維新なのでした。新しい再出発の総べての人々に伝える鐘の響きだったのです。行進曲だったのです。素晴しい出航の汽笛だったのです……。

永山は定時制に再入学したとき、クラス委員長に選ばれている。彼はその時点ですでに、窃盗未遂と窃盗によって逮捕歴をもつ「前科者」だった。定時制で学ぶことは、永山にとって、社会の中にきちんとした居場所をもち、人生においてよきものを摑む可能性を得るためのたった一つの機会だった。いま取り返しのつかない場所にいて、彼はおそらく切実にそう思っている。
「罪」の告白による世界との和解、そして新生。それはもしかすると、『罪と罰』が彼に示唆した美しい夢想だったかもしれない。『罪と罰』の、ノートの記述によるなら永山がまだそこまで読み進めていなかったはずの第五部で、ソーニャはラスコーリニコフにこういう。「いますぐ、すぐに行って、十字路に立つんです、おじぎをして、まず、あなたが汚した大地に接吻なさい。それから四方を向いて、全世界におじぎをなさい。そしてみなに聞こえるように、『私は人を殺しました！』と言うんです。そうしたら神さまが、あなたにまた生命を授けてくださる。」（江川卓訳）そして、小説の末尾近く、ラスコーリニコフは広場のまんなかに跪いて大地に接吻し、警察に自首して出るのである。――では、永山は逮捕前にすでに『罪と罰』を最後まで読み了えていたのか。

私はここで、島崎藤村の『破戒』を思い出す。藤村もまた、『罪と罰』を「告白」という主題において受け止め、主人公に公衆の面前で「罪」（被差別者という素性）を告白させていた。『破戒』の主人公である小学校教員・瀬川丑松は、被差別の出自を「隠せ」という亡父の戒めと、その著書『懺悔録』を「我は穢多なり」という昂然たる「告白」から書き出した猪子蓮太郎の闘争する姿勢との間で迷い苦悩する青年である。猪子の非業の死に際会した彼は、辞職を覚悟した最後の授業の教室で、教え子たちに自らの素性を告白するのだ。「実は、私はその卑賤《いや》しい穢多の一人です」「ああ、仮令《たとい》私は卑賤《いや》しい生れでも、すくなくとも皆さんが立派な思想《かんがえ》を御持ちなさるように、毎日それを心掛けて教えて上げた積りです。せめてその骨折に免じて、今日《こんにち》までのことは何卒《どうか》許して下さい」「今まで隠蔽《かく》していたのは全く済まなかった」「全く、私は穢多です、調里です、不浄な人間です」そして丑松はなおも「許して下さい」といいながら板敷の上へ跪く。

生徒たちの面前で跪くこと、別離に際しての告白であること、「罪」というよりも素性（前科者、被差別者）の暴露であること、その素性を隠していたことを「罪」と感じていること、共に過ごした日々における誠実さ（「共に苦しみ悩み学んできた」、「毎日それを心掛けて教えて上げた」）に免じて許しを請う論理、等々の点で、「亜人の卒業式」の設定は、『罪と罰』よりも藤村の『破戒』に似ているのである。

　丑松の告白は、被差別者を「不浄」とみなす社会通念の前に土下座しているようにみえる。そのためそれは、「罪」の告白としての「懺悔」の様相を呈している。この点が『破戒』に対する多くの批判の論拠になっていることは文学史上の常識に属するだろう。一方、猪子蓮太郎の『懺悔録』における「我は穢多なり」という告白は、「懺悔」と称しながら、蔑称をあえて引き受けることで社会の差別意識を撃ち返す闘争宣言である。その点でそれは、「犠牲者がその烙印を投げ返す時が来たのだ」「吾々がエタである事を誇り得る時が来たのだ」（圏点原文）と謳いあげる「水平社宣言」（一九二二年）の論理にも比すことができる。

「懺悔」による和解の夢想を記した「亜人の卒業式」の永山は丑松に近い場所にいたといえよう。だが、やがて猛烈な「学習」を経た永山は、自らを犯罪へと追いつめた社会との闘争を開始する。そのとき永山は、自らあえて「〝連続射殺魔〟永山則夫」の名乗りを採用して支援運動の名称や闘争パンフレット等に用い始める。永山もまた、社会から捺された負の「烙印」を引き受け、その「烙印」を批判の武器に転じて社会に「投げ返す」のだ。

「亜人の卒業式」の源泉は『罪と罰』ではなく『破戒』であったのかもしれない。だが、「罪」の告白による赦しと和解、新生というこの種の夢想は、「前科者」の心に、『罪と罰』とも『破戒』とも無関係に生じうるだろう。また、たとえこの夢想が『罪と罰』によって生まれたものだと仮定しても、この『罪と罰』はまだ、口外するのをはばかる類の「恐しい破壊力」としての意味など少しも帯びてはいない。

ところで、佐木隆三は『死刑囚 永山則夫』で、永山が『罪と罰』を読んだ時期について、永山の記憶とは異なることを書いている。

《六七年十月十二日、永山則夫は、豊島区巣鴨の雪印牛乳販売店に住み込んだ。沖仲仕の仕事は食事も不規則で栄養が偏り、睡眠不足で体力が衰えるのが自分でもよくわかった。その点、牛乳配達は規則正しい日常で、住み込み又は寮生活が保証される。巣鴨の牛乳販売店は、近くのアパートを寮に転用しており、六畳一間の同室者は高卒で大学受験をめざしていた。この同僚は文学好きだから、永山はゲーテの『若きウェルテルの悩み』、ドストエフスキーの『罪と罰』『カラマーゾフの兄弟』を借り、集中して読んだ。》

「集中して読んだ」という記述は、「読み切った」「読破した」という了解をうながす。永山は翌六八年の正月に電気湯沸器のスイッチを切り忘れて畳を焦がしたのをきっかけにこの販売店を退職したので、彼が『罪と罰』を（さらに『カラマーゾフの兄弟』を）読んだのは六七年の十月から十二月にかけてだったことになる。

（退職してしまったのは被害弁償のことで同僚らに大仰なことをいわれたのが原因だった。トラブルに遭遇するとすぐに逃げ出してしまう小心でいじけた少年・永山則夫。永山はこういうとき、言葉によって釈明し、言葉によって理路を見出し、言葉によって交渉する、そういう言葉をもたなかった。言葉はいつも他人のもので、自分のものであったためしがないからだ。実際、網走育ちの永山は、訛りがないためにかえって、青森県板柳町の小学校でも、同郷の子らと集団就職した渋谷のフルーツパーラーでも、のけ者にされたというし、戸籍謄本の「番外地」という文字にも、刑務所生まれだと思っておびえつづけた。言葉にも文字にもおびえる少年・永山則夫。）

佐木によれば、永山は六七年十一月初めに明大付属中野高校を訪れて定時制の担任教師に会い、「復学したい」と申し出ると「必ず入れるから来春来なさい」と励まされ、仕事の合間に勉強に精を出すようになった、という。では、永山がノートに「定時制高校に行っている時分買い」（七〇年八月七日）と書き「例の高校へ二度目の新しくやろうと躊いながらもその門をくぐった時節」（七〇年九月十日）と書いたのは、永山の記憶のなかで復学準備期と復学期とが混同されたせいなのか。

佐木の記述は公判記録を踏まえているはずだが、根拠は直接には示されていない。だが、厳密を期すために記しておけば、『死刑囚 永山則夫』は七一年二月四日の精神鑑定の記録を引用している。なかで、鑑定人が読書歴を質問し、永山は「記憶しているのからいうと『氷原』（井口注—『氷点』の記憶違い）で、これは大阪にいたとき。『足長おじさん』『嵐ケ丘』『若きウェルテルの悩み』『白痴』。巣鴨の牛乳屋にいた友人の影響を受けて、『カラマーゾフの兄弟』『罪と罰』『西部戦線異状なし』『アルジェの戦い』。その他にもあった」と答えている。佐木の記述に近い。

だが、鑑定人は読書時期をきちんと特定した訊き方をしていないし、そもそもこの「新井鑑定」は私が示したノートの記事の半年後に行われたものだ。佐木の記述の根拠がこの鑑定書かどうかは知らないが、私は鑑定書の、すくなくともこの部分はあまり信用できないと思っている。前後のやりとりから推測するに、永山はたぶん、ふてくされてぞんざいになっているし、虚勢を張っているようにも思える。ドストエフスキーに限っても、この回答は、『白痴』はドストエフスキーの名を教えてくれた牛乳配達所の「金藤」が「持っていた」(永山は読んではいないと了解するのが自然だろう)、拘置所内で『罪と罰』の「直ぐ前に」差し入れで読んだ、という七〇年八月七日のノートと食い違っている。『カラマーゾフの兄弟』についても、すでに紹介したとおり、拘置所での最初の差し入れ本で読んだはずだ。

(ちなみに、七日間で済まされたこの「新井鑑定」については、「被告人は鑑定に非協力的で、心を閉ざした状態で問診を受けたにすぎない」として弁護側が再鑑定を要求し、認められた。再鑑定「石川鑑定」は七四年の一月から四月まで七十四日間行われ、二段組みで一八二ページの詳細な鑑定書が作成されたが、一審判決は、性格には偏りがあるが責任能力に問題はなかったとする「新井鑑定」を採用し、犯行時には心神耗弱状態で責任能力が減退していたとする「石川鑑定」を採用しなかった。)

――私はあまりに些細な事実にこだわりすぎているだろうか。だが、後にも述べるが、「事実=記録」を軽蔑した李珍宇とは逆に、「事実」に徹底してこだわるのが永山則夫の流儀である。にもかかわらず、永山則夫が『罪と罰』を読み了えた日がいつであったか、結局のところ、永山自身の言葉も含めて諸証言が矛盾していて、「記録」によっては確定できないのだ。ならば私は、文芸批評のやり方で判断するしかない。

もう一度引けば、永山は七〇年九月十日にはこう書いていた。「例の高校へ二度目の新しくやろうと躊いながらもその門をくぐった時節、この著と国語辞典とを小脇にかかえ普遍的な学生の真似をして、ある学校の屋上で、そして電車の中で、または例の森の小池のほとりで……読み、忘れられないものとなっていた。」

「普遍的な学生の真似をして、ある学校の屋上で、そして電車の中で、または例の森の小池のほとりで」という記述は実に鮮烈で具体的だ。「普遍的な学生の真似をして」には、定時制入学の心のはずみにまかせて、わざわざ人々の視線を浴びる屋外で読書する気取りやポーズのみならず、「前科者」の定時制高校生がその素性を隠して、という心理的ニュアンスも含まれていよう。私は厖大な公判記録を精査したという佐木隆三の仕事に敬意を表する者だが、この件に関しては、佐木の記述よりも永山のこの記憶の鮮烈さの方を信じる。

そして私は、定時制時代に読んだ『罪と罰』は酔いどれマルメラードフの悲痛な打ち明け話までだったという八月七日の記述も、疑う必要はないのだと思う。すくなくとも、定時制時代の彼の心に印象づけられていたのは、貧乏というものが善良な人間をどんなに苦しめ痛めつけるかということ、その一点だった。いわば彼は、『罪と罰』を「人道主義」小説として読んだのだ。しかし、この読み方が浅いわけでも幼稚なわけでもない。ドストエフスキーの世界は、まぎれもなく、常軌を逸した「人道主義」の世界なのだから。

だから、「恐しい破壊力」と結びついた『罪と罰』の意味は、七〇年の八月七日、彼が拘置所で『罪と罰』を読み了えたその日に生じたのだ、と考えるべきである。永山はこの日、『罪と罰』が自分にとって必要だったことの意味を、遅れて、発見したのだ。

マルメラードフは娘のソーニャが売春婦の鑑札を受けたときのことを語りながら、ラスコーリニコフにこんなことをいう。

《どこへももう行き場がなかったら！　だって、どんな人間にしたって、せめてどこかへ行き場がなくちゃいけませんものな。》

《おわかりですか、あなた、おわかりですか、この、もうどこへも行き場がないという意味が？いや！　こいつはまだあなたにはおわかりじゃない……》

永山は集団就職で勤めた渋谷のフルーツパーラーを半年で出奔した直後に横浜港からイギリスの貨物船にもぐりこんで密航を企てている。畳に焼け焦げを作って牛乳販売店をやめた後にも、今度は神戸港のフランスの貨物船にもぐりこんでいる。彼は『罪と罰』を読むのに国語辞典を引くほど「無知」だったが、「どこへも行き場がないという意味」だけは、何の注釈も解説も抜きで、わが身のこととして知っていたのである。いや、極貧の崩壊家庭で兄たちからも虐待されていた彼は、九歳のときから頻繁に家出をくりかえしていた。家出に明確なあてがあったわけではない。ただ「せめてどこかへ」行きたかっただけなのだ。九度にわたるという自殺の企ても同じことだ。この世に「行き場」がなければせめてこの世の外の「どこかへ」行くしかない。

おそらく、定時制高校は彼がすがった最後の「行き場」だった。六八年の五月、牛乳販売店を出奔し明大付属中野高校も結果的に中退することになったその直後、永山は故郷・青森県板柳町の母のところに半月ほど身を寄せたが、そのときも地元の定時制高校に入学しようとして、担当教師から素行(前科)を理由に拒まれている。また、名古屋での四件目の犯行の後、静岡では「明治学院大の学生証」を盗み、東京に舞いもどって中野区で安アパートを借りるときには「予備校生」だと名乗り、翌年四月に逮捕された時にも名前を「永山則雄」と改竄した「明治学院大の学生証」を所持していた。この学生証をただの偽装の道具とばかり見ることはできまい。彼はほんとうに「普遍的な学生」になりたかったのだ。「亜人の卒業式」の夢想がどんなに感傷的であろうと、嗤う権利は誰にもない。『罪と罰』を読み了えた永山は、「ラスコーリニコフを真似たような私」と、傍点を付けてまでノートに記していた。永山はたぶん、『罪と罰』は自分にラスコーリニコフを模倣して犯罪を行わせた、それがこの小説の「恐しい破壊力」だ、といいたい。しかしそれは彼の思いこみであり錯覚である。くりかえすが、ラスコーリニコフの犯罪は永山の犯罪とはまるで似ていないし、ラスコーリニコフという青年も、貧乏という一点を除いては永山則夫とまったく似ていない。にもかかわらず永山は、小説への没入がもたらした昂奮の余韻のなかで、ラスコーリニコフに過度に同一化してしまっている。彼はほとんど、「ラスコーリニコフは私だ」といっているに等しい。しかもこの同一化は日を経ても冷めることなく、ついに法廷で、秘匿すべき重大な秘密であったかのごとく、犯行前に『罪と罰』を読んでいたことを「告白」するにまで至るのだ。

永山は気づいていないが、「ラスコーリニコフは私だ」というこの錯覚、この熱病のごとき同一化をもたらす力こそ、『罪と罰』という小説の「恐しい破壊力」にほかならない。それは犯行前に彼を襲ったのではない。七〇年の八月七日の朝、麦めしを食い終わるのといっしょに『罪と罰』を読み了えた、そのときに彼を襲ったのである。

2　言葉が壊れるとき

『死刑囚 永山則夫』は、永山が法廷で『罪と罰』のことを「とうとう言ってしまった」ときの公判記録を紹介してくれている。（だが、これは七〇年八月二十六日の第十五回公判記録である。ノートの日付九月十日との半月近くものずれはなぜ生じたのだろう。）

被告人　情状関係のことで、一つだけ言いたいことがある。この事件について、情状証言は要らないと思う。四人も人を殺して、情状とは何だろうか、そんなものはクソくらえだ！　あなた方は、強い言葉と思うだろうが、自分はこういうことしか言えない。資本主義社会において階級闘争があるかぎり、情状などというものはない。搾取されるか、搾取されないかによって、こういう事件が起きてくるのだと思う。（中略）

それから、これだけは言っておきたい。自分は以前に、ドストエフスキーの『罪と罰』を読んだことがあり、自分も本を出したいと思っている。なぜ出すかというと、函館の人には、二人の子どもがいるという。その子のために出すんだから、あなた方にも買ってもらいたい。それで自分は、今でも事件を起こしたことを、まったく後悔していない。そのことも言っておきたい。東京プリンスホテルでやったのは、金持ちが憎かったからだ。アメリカ軍基地に入ったのは、あそこでカネを盗んでも、罪にならないと思ったからだ。自分には情状をくれるより、死刑をくれたほうがよい。

法廷の記録文書というものがどこまで忠実に発言を記録するものか知らないが、これを読むかぎり、「平然たる」態度などでないのはいうまでもないし、「少し」どころでなく「気が高振〔昂〕って」いる。昂奮した永山はあまりに早口だ。これでは、『罪と罰』を読んだことの意味など伝わりようもない。永山自身、誰に向かって何がいいたいのか、自分でもわかっていなかったのだろう。『罪と罰』に関するかぎり、ノートでも法廷でも、ほとんど永山の独り相撲である。

法廷での発言には社会に対する憎悪ばかりが突出している。憎悪は「階級的憎悪」であり、憎悪する主体は闘争する主体、すなわち「革命的主体」なのだ、と永山はいいたい。資本主義国家という「敵」の意思を体現する法廷という場で、闘争する主体の決然たる誇りに賭けて、彼は情状よりも死刑を選ぶというのだ。

永山にこの性急な自己理解＝自己樹立を可能にしたのは、マルクス主義を中心とする独房での彼の「学習」である。永山は「全学連嫌いだ／全学連ぼっちゃん育ちだ」(六九年八月九日)と書いたが、その同世代の「ぼっちゃん育ち」の学生たちによって「学習」の方向を導かれている。皮肉なことだが、永山は独房において初めて、「普遍的な学生」になれたのだ。(独房の永山は一心不乱の独学者だった。彼は拘置所を「トーコー大」と呼んだ。東京工業大学の略称としての「東工大」ではなく、東京拘置所大学の略称としての「東拘大」である。)

だから私は、奇異に響くかもしれないが、この公判での発言も永山の〝知的向上心〟がいわせた言葉だと思っている。彼はあたかも、初めから自分の犯行に一貫した「思想＝階級憎悪」があったかのように述べている。しかしそれは、「学習」後の立場からの事後的な合理化、一面化であり単純化であり、粉飾である。あえていえば、嘘であり虚勢であり虚栄である。知的向上心は、時として人の自己認識を狂わせ、微妙な、それゆえ自分自身も気づかない、根深い自己欺瞞をもたらすのだ。

実際の永山の犯罪はそんなものではまったくなかった。彼はたしかに四人もの人を殺したが、その本質は逃げ場を失った小心な獣の犯罪にすぎない。

この小心な獣が牙を持ったのは、六八年十月八日ごろ(日付は厳密には特定されていない)、侵入した横須賀の米軍基地で婦人護身用の小型拳銃と実弾五十発を手に入れたからだった。

永山は二年前の六六年九月にも同じ基地に侵入して自動販売機からコインを盗んだところをＭＰに捕まり、横須賀警察署に逮捕されて少年鑑別所へ移送され、保護観察に処されている。「罪にならない」どころか、罪になることを彼は知っていたのである。

このとき横須賀署の留置場でいっしょになった東大法学部学生（デモで逮捕され留置されていた）は、見つかったらどうするつもりだったかと聞いた彼に、「軍隊は警察みたいに甘くないから、自動小銃なり機関銃を向けられて、海に飛び込んで泳いで逃げるとき、サーチライトで照らされて撃たれ、脳味噌がバーッと飛び散って死ぬ。それで構わないから入った」と永山が答えたのが印象深かったと証言している（七〇年九月二十二日東京地裁第十六回公判記録『死刑囚 永山則夫』より）。絶望した少年のヒロイックな死の夢想である。侵入自体、窃盗目的というよりも自暴自棄なその夢想に牽引された結果だと見た方がよい。実際、窃盗のために米軍基地を選ぶのは現実的ではない。

二年後の基地侵入も同じである。むしろ絶望がいっそう深まっただけ、ヒロイックな破滅願望も強まっていたはずだ。だが、皮肉なことに、今回は見つかることもなく、拳銃を入手してしまったのだ。

永山が入手した婦人護身用の二二口径の拳銃は女性の掌にすっぽり収まるような小型のもので、「銃把に白い象牙がはめ込まれた、銃というにはあまりに美しいものだった」と、二審の弁護団の一員だった大谷恭子はいう（大谷恭子『死刑事件弁護人』）。大谷はその美しさゆえに、武器というよりも「宝物」「お守り」（高裁の差し戻し審公判で永山自身が使った表現だ）としての意味を強調するのだが、永山は夜の公園で海に向けて十発ほど試射している。「宝物」「お守り」であると同時に、まぎれもない本物の武器でもあることを彼は確認しているのだ。具体的な使用目的は茫漠としていたにせよ（この武器は他人にも自分にも向けられる）、華々しい破滅を夢想さえする若い絶望者が、この着脱可能な美しい牙に魅惑されないはずがない。そして、十月十日夜、永山はこの拳銃と弾丸をポケットに忍ばせて東京プリンスホテルに入りこむ。

鎌田忠良は『殺人者の意思』で、このときの永山が、拳銃と弾丸だけでなく、「いっしょに盗んでいた、Mというイニシアルのついたハンカチ、アメリカ製ジャックナイフのほか、アメリカ・コインなども身につけていた」ことに注目している。十月九日、永山は「早朝からありったけの舶来品を身につけ」、「港へではなく、東京都内の盛り場へと」向かった。「それは密航がまだ無理なら、せめて外国的な盛り場・繁華街めぐりをしておこう、というかなわない密航へのせつない夢でありゲームであったのだ。」

犯行前日からの永山の行動をかなわぬ密航の代償行為だったとみる鎌田の解釈は鋭い。それなら、二度にわたる米軍基地侵入の深層にも、破滅願望とないまぜに、アメリカという海の彼方の国への憧憬が潜んでいたかもしれない。実際永山は、八六年十二月十二日の東京高裁差し戻し審第十八回公判では、二度目の基地侵入の動機として、「何か大きなこと」をしでかしたい、撃たれて死んでもかまわない、という自棄的破滅願望と並べて、密航の機会をつかめるかという漠たる期待もあったと述べている（永山裁判ニュース刊行会編『永山則夫・被告人供述調書』）。

（私の手元のガリ版刷りの『永山則夫・被告人供述調書』には、東京高等裁判所刑事三部における八六年十一月十二日の第十六回公判、十一月二十六日の第十七回公判、十二月十二日の第十八回公判の記録が収められている。永山は三回を通じて、遠藤誠弁護人の質問に答える形で、生い立ちから犯行まで詳細に語っている。事件から十八年を経過しているので、いくつかの細部に、事実関係ではなく心理的意味づけの細部に、無意識の修正があるかもしれないが、私はこの公判における永山の供述はほぼ信用できると思っている。なお、第十八回公判の途中からの記録は『文藝別冊　完全特集永山則夫』に再録されている。）

鎌田の記述でたどれば、永山は九日は池袋で遊び、夜は深夜映画館を宿代わりとし、十日は池袋、新宿、渋谷とめぐって、「夕方になって渋谷から六本木、そのすぐ近くの東京タワー下のボーリング場で他人の遊ぶ姿を見物したあと、しだいに行場を失い夜も深くなって」ついに東京プリンスホテルにたどりつく。そこは六五年の三月、集団就職で上京した永山がすぐ上の兄に連れられて初めて東京見物した際に、東京タワーの展望台から見下ろして、その豪華さ、ことにも「青く輝くプールの水が、都会の象徴というよりも『別世界の実在』として、最も印象的にそして痛いほど強くやきつけられた」場所だった。そして、深夜零時ごろ、プールとホテル本館との間にある芝生へと入っていった永山は巡回中のガードマンに見つかってしまう。逃げようとして襟首をつかまれ、揉み合いのなかでピストルを抜いて引鉄を引いた。

浮浪暮らしの永山はその夜の寝場所を探していたのかもしれない。だが、彼の足取りはプールへと牽き寄せられている。だから、「東京プリンスホテルでやったのは、金持ちが憎かったからだ」という法廷発言も〝嘘〟である。むしろ彼は、その「別世界」のきらびやかさに誘惑されてうかうかと入りこんだのだ。彼を牽引したのは憎悪ではなく、羨望であり憧憬である。「金持ち」が独占するその「別世界」に対して、永山の心に怨恨や憎悪が潜伏していなかったはずはない。だが、潜伏していた憎悪は、自分が絶対にそこに入れないという事実が決定的になった後で、つまり、犯行の後で、あるいは逮捕された後で、浮上し、固定したのだ。

永山の犯行までの半生は、「せめてどこかへ」という衝動に衝き動かされた十九年間だった。鎌田が強調する密航への思いは、この「どこへも行き場がない」少年が夢みた「せめてどこかへ」の最も遠心的な表現にほかならない。

「どこか」は、たとえば幼い日には、近所の映画館の暗闇の中で観るスクリーンに映し出されるまばゆい虚構の「別世界」であり、そのスクリーン上の虚構への没入によっても癒しきれない憧憬は幾度にもわたる家出の試みとなった。(『殺人者の意思』は、永山の小学三年時の学校の指導要録の趣味欄に「映画」と記されていたことを紹介している。鎌田によれば、小三は永山の「怠学」が始まった年で、欠席日数は百三十一日、小学校時代を通じて最も多かった。なお、彼が最初の家出をしたのも小三に進級する直前の二月である。このころ永山は家で次兄からすさまじい暴行を受けつづけていた。)

そういう永山にとって、集団就職での出郷は、あてどない憧憬を現実化する最大のチャンスだったはずだ。貧乏に痛めつけられた田舎の少年が夢みた「別世界」としての東京。密航は、その現実の東京からも排除され、脱落したあげくの空想的な「どこか」である。具体的な目的地などない。実際、彼は失敗した二度の密航において、船の行く先を選んで潜りこんだわけではなかった。ここ(日本)でなければどこでもよかったのである。このときアメリカ(米軍基地)は、たとえそれが戦後日本人の共有した上昇志向のモデルだったにせよ、永山にとっては、あくまで、海の彼方の富と快楽の中心地を意味する漠たる記号にすぎない。

ただ、あまりに事件の偶発性だけを強調して永山則夫を免責してもなるまい。逮捕直後の供述によれば、永山は池袋で過ごした十月九日の夜、映画館の便所で拳銃に弾丸五発をこめ、十日の夕方、渋谷の映画館の便所で消音のためにハンカチを銃身に巻きつけている。（ただし、東京高裁差し戻し審第十八回公判の供述では、胸ポケットの拳銃が「ごつごつする」からハンカチを巻いたと述べている。）明確な場所や対象があったとは思えない。だが、すくなくとも、ピストルを使用することになるかもしれない、ピストルを使用してもかまわない、そういう邪悪な意思が永山に芽生えていたことを示す準備行為だ。

それはしかし、具体的な殺人の意思というほどのものではなく、むしろ、米軍基地侵入に際して華々しい死を夢想したのと類似した心理だったと考えるべきだろう。どうせ死ぬなら「何か大きなこと」をやってのけて死にたい、という絶望者のねじれた破滅願望である。ならば、鎌田忠良が密航の代償行為とみるこの二日間の繁華街めぐりは、行き場をなくした若者が、この世界そのものに最終的に訣別するための名残りの儀式としての意味ももっていたのかもしれない。そう考えれば、彼が最後に入りこんだのが上京時の印象に刻印された場所、彼の眼に快楽都市の中心と映じた東京プリンスホテルだったというのは、たしかに象徴的である。

永山が、自分の犯行に「ある程度の計画性のようなものが有った」（七〇年九月十日）と書いたことになにがしかの心理的根拠があるならば、それは、彼にピストルを携行させ、さらに銃弾をこめさせた心のうながし以外にあるまい。もちろんそんなものを「計画性」と呼ぶ必要はない。実際、事件そのものはほとんど不幸な事故のように生じたのだ。

いったん引鉄をひいてしまった永山は、しかし、その引鉄を自分自身に向けて引くことはできなかった。京都での第二の犯行後、自殺するつもりで出生の地・北海道に渡ったが（永山の出生地は網走市の「番外地」だった）、死ねないまま函館で第三の犯行を犯し、本州に舞い戻って名古屋で第四の犯行を行った。「どこへも行き場のない」男は、以後の二十八年を拘置所の独房の中で生きることになった。

私の手元に、永山の獄中ノートの一冊目と二冊目のコピーがある。Ｂ５サイズ三十数葉の大学ノートで、表紙には「詩」とタイトルが記され、その下に横書きで四段に分けて「『無知ノ涙』」「〔金の卵たる中卒者諸君に捧ぐ〕」（二冊目にはない）「Ｎｏ．１」（二冊目は「Ｎｏ．２」）「永山則夫」と記されている。『無知ノ涙』と〔金の卵たる中卒者諸君に捧ぐ〕は、獄中ノートの出版が決まった際に追加されたのだろう。拘置所が表紙裏に貼付した「使用許可証」の「使用目的」欄には、一冊目は、「詩その他勉学のため」、二冊目は「勉学のため」と書かれている。

永山は最初のノートの一ページ目、ノート全体の扉に当たるページにこう記した。

私は四人の人々を殺して、勾留されている一人の囚人である。

殺しの事を忘れる事は出来ないだろう一生涯。
しかし、このノートに書く内容は、なるべく、それに触れたくない。
何故かと云えば、それを思い出すと、このノートは不用に成るから……

昭和四十四年七月二日筆記許可おりる。
永山則夫

次のページは「(前書)」と題してこう書き出されている（傍点原文）。

ノート君、私は君を擬人化して書いていくつもりだ。ある時は君に、君を失うような事を言うかも知れない。また、ある日は君に、八つ当たりするかも、そして、君をバラバラに破くかも知れない……

しかし、私は君との世界を確立する積もりだ。何日も君を見なくとも、何ヶ月も君を手離しても、私は君に会いたく成り、そして、帰え《ママ》っていく筈だ。君の元《もと》へ……

だから君は私を忘れないで欲し〔い〕んだ、いつの日も、何時の時も。

結びはこうだ。

こんなセンチメンタル・ボーイを笑ってくれ…………
じゃ、またね。

永山のノートは感傷的《センチメンタル》な自己慰撫の言葉からはじまるのだ。いまだかつて誰にも慰められたことのない男は、自分で自分を慰めるしかない、とでもいうように。擬人化されたノートは彼の言葉を受け容れてくれる初めての対話者であり、そこに書き記す言葉は永山の「悲しき玩具」(石川啄木)である。むろんこの「悲しき玩具」は、「それ」への言及を回避することでかろうじて「玩具」たりえている。「それを思い出すと、このノートは不用に成る」。黒々とせり出す巨大な岩礁のような「それ」に触れると、永山の言葉はたちまち座礁し難破してしまうのだ。だから、この自己慰撫は吃語しながらの自己慰撫である。

しかし「それ」を回避しつづけることなど本当にはできない。あらゆる思いは「それ」につながってしまう。「それ」が露頭するとき、言葉はどうしようもなく荒れすさぶだろう。「ある時は君に、君を失うような事を言うかも知れない。また、ある日は君に、八つ当たりするかも、そして、君をバラバラに破くかも知れない……」。だが、それでも「君との世界を確立する積もりだ」という決意を彼は記す。このノートはたんに自己慰撫のためではなく、「勉学」のためのノートでもあるのだから。「君との世界の確立」の向こうに、永山は、「勉学」を通じての自己確立まで見据えていたかもしれない。(各ページの広い余白は漢字書き取り練習でびっしり埋め尽くされていた。)

だが、言葉が壊れるのは、「それ」に指触れるときなのか？

七月二日の日付で最初に記されたのは三行分けの俳句（後に短歌形式を「短歌詩」と名づけた永山の命名法にしたがうなら「俳句詩」と呼ぶべきか）二句である。

一句目《罪人よ／あゝ罪人よ／罪人よ》――永山は、「罪人」たる自分を見つめて言葉を失う、そのさまを行為遂行的に演じるものとして、この句を冒頭に配したのかもしれない。だが、私にはむしろ、俗説で芭蕉の句とされる「松島やああ松島や松島や」をもじって、言葉を失うさま自体をもどいてみせただけの、心の浅いところで作られた句のようにみえてしまう。

二句目《一つ花／平和の鳩に／食われゆく》――多少あざといが、この辛辣な逆説を、「市民（平和の鳩）」から排除された下層の流浪者たる永山の体験的認識の寓意として読むことはできる。

次に《どこえ《ママ》行くんだろう／この道は／どこえ《ママ》行〔こ〕うとしているのだろう／この私は》と始まる「知らないいつかれる道」と題された詩（永山は表題を作品の後に付ける）がある。細見和之は『永山則夫――ある表現者の使命』で、この詩の「原型」は六〇年代後半に流行ったＣＭソングではないかと推測している。そうかもしれない。永山は詩では歌謡調を多用した。「暗黒のこの世界」ともいわれる「この道」が死刑判決を待つ拘置所の生に限局された彼の人生の「道」であることはたしかだが、永山は発想の類型性を深めることのないまま、思考を放棄するかのように詩そのものを投げ出してしまっている。

最後に長篇詩「死後に」が書かれる――《死のみ考えた者がいた／その者は若かった　青かった

／自殺ではなくして　死があった／成人になる前に　死を選んだ／なれど死ねなかった》と始まり、《死にはいろ〳〵ある／病死　事故死　自殺　他殺／（中略）そして最悪の死　刑死である／こんな死に方……死んでも……／死〔に〕きれない――》という一節を含み、《死後の世界よ!!／ブラボー!!／そう叫び死にたい／そうあって欲しい?!》と終わる。詩の形式で死について考察しているのだが、表現の散漫さは覆うべくもない。

　ともあれ、永山が最初の自覚的な表現の形式として「詩」を選んだことは重要である。詩はその多様な形式によって多様な声を解放することができるからだ。実際彼は、俳句形式も短歌形式も自由詩形式も試しているし、感傷や弱音を吐露する詩もあれば憎悪を激しくぶつける詩もあり、思索を展開する詩もあれば自己を虚構化した詩もある。彼はたしかに、時々露頭する「それ」に脅かされながらも、独房で許された唯一の「玩具」である言葉との戯れを娯しんでいた。

　一方、ノート以前に書かれた永山の言葉が残っている。

　一つは、六九年三月十四日に母親に届いた手紙。

　前略

オフクロ、ヒサビサニ手紙《テガミ》ヲダシマス
日々《ヒビ》ノ元気《ゲンキ》ヲ願ッテヤミマセン
雪《ユキ》ノ降《フ》ル東京《（ママ）》ヲミテ、オフクロの顔《（ママ）カオ》ヲ思イ出シテモイマス

僕《ノリオ》モアパートヲヤットノコトデ借《カ》リ　最近《サイキン》ヤット一人暮《ヒトリクラ》シニナレマシタ
サソク《(ママ)》デスガ、イマ、急速《キユウ》ニ、オ金《カネ》ガイルノデ、ツゴウシテモライタイノデス
友達《トモダチ》の《(ママ)》車《クルマ》を、《(ママ)》メンキョトッタバカリナノデ成《ナ》レ《(ママ)》テナカッタセイモアルノデスガ、ブッツケテ
シマイマシタ。オフクロモナイコトハ、ワカッテイマス、デモアトタヨルトコノナイ僕《ノリオ》ナノデス
コンゲツ中《チユウ》ニオネガイシマス、ソウシナイト僕《ノリオ》ハケイサツニイカナケレバイケナイノデス。
ツカウお金《オカネ》は《(ママ)》一万円《イチマンエン》デス。
モシダメデシタラ、手紙《(ママ)》ノヘンジハシナクテモイイデス。タブンイナイトオモイマスカラ
最後《サイゴ》の《ノ》願《ネガ》い《イ》で《デ》す《ス》。
　サヨウナラ
　オヤフコウナノリオヨリ。

この文面は鎌田忠良『殺人者の意思』から引いた。（佐木隆三の『死刑囚 永山則夫』の引用にはルビがない。）母親はカタカナしか読めなかったので手紙はすべてこうして書かれていたという。母親は五千円だけなんとか工面して送ったが永山から返事はなかった。友達の車をぶつけたというのは無心のための嘘だが、実際にこれが「最後《サイゴ》の《ノ》願《ネガ》い《イ》」になった。
そして、逮捕時にアパートの室内から押収された週刊誌（六九年三月十八日発行の『週刊プレイボーイ』）の最終ページに記入された言葉。

死ぬ男は言葉を残してよいのか？

同じく中学生向け参考書『中学・社会科学習小事典』の余白に記入された言葉。（彼はこれを、本の上部の空白に一行ずつ、十六ページにわたって横書きで記していた。）

わたしの故郷で消える覚悟で帰ったが、死ねずして函館行きのドン行に乗る。どうしてさまよったかわからない。わたしは生きる。せめて二十才のその日まで。罪を、最悪の罪を犯しても、せめて残された日々を満たされなかった金で生きると決めた。母よ、私の兄弟、兄、姉、妹よ、許しを乞わぬがわたしは生きる。寒い北国の最後を、最後のと思われる短い秋で、わたしはそう決める

いずれも、実に鮮烈な言葉だ。六九年の三月半ばから逮捕される四月七日までの間に書かれた前者の問いも、第二の犯行後北海道に渡った際に記された後者の決意も、犯した罪と待ち受ける確実な死を見据えて、戦きながらもすっくと屹立している。ことに後者には、せつなく張りつめた硬質の抒情が流れ、倒置や反復を用いたリズムも高度な緊張を保って揺るがない。言葉に裏切られつづけた若者におとずれた、これはほとんど奇跡のような言葉だ。

（前者は『死刑囚 永山則夫』からだが、後者は合同出版版『無知の涙』から引用した。私に永山則夫の名が忘れえぬ名として刻印されたのは、合同出版版の「編集前記」でこの文章を読んだときだったからだ。しかし、『死刑囚 永山則夫』の引用は合同出版版とはいくつかの小さな異同があるなかで、とりわけ、第二文が「このｏｎｅ ｗｅｅｋどうして、さまよったか分らない」となっている。「ｏｎｅ ｗｅｅｋ」は唐突にリズムを乱し、抒情の水準をひどく下落させてしまっている。なるほどこの英語使用の軽薄さは、永山の「舶来品」好みにも六〇年代末の風俗文化にも内在しているものだが、私は許容できない。）

永山の犯行は、二件目までと三件目以後では態様が異なる。塒を求めて入りこんだ場所で誰何されて発砲した一件目二件目は偶発的なものだが、三件目四件目は金品目的でのタクシー運転手殺害だ。彼はたしかに、「最悪の罪を犯しても、せめて残された日々を満たされなかった金で生きると決め」、実行したのだ。永山はこのとき、ついに決意して、邪悪な意思と化したのである。（どうせ死刑になるなら何人殺しても同じだ、永山はそう思ったという。死刑は人を殺してしまった者には抑止効果はない、かえって絶望に追いこんで罪を重ねさせてしまう――これは後年の永山の死刑廃止論の論拠である。）

私には、この文章がほとんど永山則夫の〝遺書〟のようにみえる。「生きる」決意を述べた文章を〝遺書〟と呼ぶのは奇異に響くかもしれない。しかし、永山はこの文章を書きながら、世界に対して最後の訣別の手を振っていたのだ、私はそう思う。あたかも、ネワ川の橋上で少女から恵まれた銀貨を「大きく手を振って」水中に投じたとき、ラスコーリニコフが、期せずして、この世界への訣別の手を振っていたように。

《この瞬間、彼は、いっさいの人間といっさいのものから、自分の存在を鋏で切りはなしでもしたように感じた。》

（『罪と罰』江川卓）

それが〝遺書〟であればこそ、犯行の証拠物件となりうるこの書き込みをした中学生向け参考書を、彼は捨てずに所持しつづけた。彼がこの世に生きた証として遺す最後の言葉はそれ以外にないからだ。「死ぬ男は言葉を残してよいのか？」――永山が逮捕前にも死ぬことばかり考えつづけていた証拠だが、この切実な問いが指し示す「言葉」も、生涯一度の抒情を結晶させたこの文章以外になかったはずだ。

くりかえすが、この表現はほとんど奇跡である。そして、この奇跡を可能にしたのは、ひとえに、彼が罪をみつめ、死をみつめていたからにほかならない。この突出した表現に比べれば、彼がノートに記した「悲しき玩具」としての詩も短歌も俳句も散文も、すべてひどく弛緩し、ばらばらにとり散らかっている。

では、再び問う。言葉が壊れるのは、「それ」に指触れるときなのか？ むしろ、「それ」との真剣な対峙こそが言葉に強度をもたらすのであって、「それ」との対峙を回避したために彼の言葉は無惨に壊れたのではないのか？ ノートの永山は、壊れた言葉の残骸をとり集めて自分を慰めているだけではないのか？

「詩」の余白をびっしりと埋め尽くす漢字書き取り練習から始まった彼の「勉学」は、やがて、支援者や面会者たちによる助言や指導を受けて、本格的な「学習」へと発展する。（二冊目のノートにはもう漢字書き取りはない。）彼が「学習」したのは、彼の犯罪を彼の境遇や社会構成から分析し意味づけてくれる社会科学（マルクス主義）の言葉だった。つまり、社会科学の言葉は、彼に「外」からの自己理解を可能にしたのである。その「学習」が、彼を憎悪する主体、闘争する主体として立ち上がらせた。

実際、永山の「学習」は猛烈ですさまじかった。このすさまじい「学習」の駆動力が、『罪と罰』を読むにも国語辞典を携行し、犯行を犯しつつの逃避行にも中学生向け参考書を手放さなかった彼の向学心、向上心だったことはまちがいない。しかしいっそう根本的には、彼が何よりも「意味」に飢え渇いていた少年だったからだといわねばなるまい。

永山則夫こそ「無用の自己」だった。秋山駿が李珍宇について述べたような「意識的生存」だから「無用」なのではなく、その存在ぐるみ、家庭でも学校でも社会でも、文字どおり「無用」を宣告されつづけた、すくなくとも、そのように思いこむことを強いられた、少年だった。たとえば彼は、逮捕後初めて面会に来た母親に、いきなり、「おふくろは、オレを三回捨てた」と言い放った（『死刑囚永山則夫』）。母親の方には、貧苦に迫られて十四歳から五歳の則夫までの姉弟四人を網走に置き去りにした一回しか心当たりがなかったというが、永山が自分を「捨て子」として、母親にさえ「無用」

を宣告された存在として、認識していたことを示すエピソードだ。だからこそ彼は、自分が「無用」でないこと、自分の生存に「意味」があることの確証を欲していたのである。

しかも、彼は、四人殺害という取り返しのつかない罪を犯して、社会から隔離された独房のなかで、その「意味」を求めなければならなかった。飢え渇いた者が食料や水をむさぼるように、彼は書物をむさぼり読み、知識を吸収しようとしたが、知識は挙げて、自分という存在の「意味」の発見に傾注されていたのだといってかまわない。彼の生に「意味」があるならば、彼の犯行にも「意味」がなければならない。というより、彼の犯行に「意味」が与えられないかぎり、彼の生に「意味」を与えることはできない。

ラスコーリニコフへの錯誤を含んだ過度の同一化の背後にも、「意味」への渇望があったろう。彼は自分の犯罪をそれに照らして理解するための理念型（モデル）をいつも求めていたのであり、ラスコーリニコフという作中人物はその生々しく具体的な理念型（モデル）として現れたのだ。

そういう永山に、マルクス主義が、最も強力な理論体系とみえたのは当然である。マルクス主義は、彼の犯罪を資本主義階級社会における「階級憎悪」の表現として意味づけ、またそれが敵を誤った「無知」ゆえの「仲間殺し」だったことを自覚させ、「仲間殺し」なき社会を実現するための革命の必要性と必然性を教えたのである。合同出版版『無知の涙』の最終ページには、永山の強い要望によって、「学問の卒業時点とは、敵となるか否かにかかわらず、マルクス経済学を理解することにある」と記されていた。

「意味」の発見は、永山にとって自己の発見、「意味」を自覚した新たな自己の生誕を意味した。

この一〇八号事件は私が在っての事件だ。私がなければ事件は無い。事件が在る故に私がある。私はなければならないのである。

（七〇年二月二十八日）

「事件が在る故に私がある」——これが永山の自己発見を記念するあざやかな定式である。デカルトの「我思う、故に我在り」は独創的に、つまり、永山則夫以外の誰もなしえぬ形で、変換された。もちろん永山は、デカルトの向こうを張って抽象的に論理をもてあそんでいるわけではない。つづけて永山は、なぜ自分は自殺できなかったか、なぜ自分は回避しようとすれば回避できたはずの後二件の殺人を犯してしまったか（逆にいえば前二件の殺人は殺人の意思なき偶発的なものだったということだ）、と自問している。つまり永山は、事件前に幾度も自殺を考え、試み、死にきれず、事件後も自殺を考え、やはり自殺できず、四人の人間を殺してしまった存在として、そういう「私」における存在と事件との関係を省察しているのである。まさしく「私がなければ事件は無い」のだ。

その悔恨をあえて反転して彼は記す。「事件が在る故に私がある。」事件を引き起こした「私」はいまだ無自覚な「私」にすぎず、永山が自覚的な「私」として誕生したのは、ただ事件によって、事件の省察を通じてであるからだ。そして彼は念を押すように付け加える。「私はなければならないのである。」自己の無用性に苦しみつづけた男は、今度こそほんとうに「もうどこへも行き場がない」拘置所のなかで、初めて、この「私」というものの存在を肯定するのだ。

先にも紹介した横須賀警察の留置場での永山の発言を証言した東大法学部学生は、同じ公判で、七〇年七月の面会時に永山が「オレ、やってよかった」と述べたとも証言している。「無知と貧困で事件を起こして捕まり、本を読んで新しい考え方を知った。だから『やってよかった』のだろうと、彼の手紙からも理解している」と彼の証言はつづく（『死刑囚 永山則夫』）。本節冒頭で引用した永山の昂奮した発言中の「今でも事件を起こしたことを、まったく後悔していない」も、「オレ、やってよかった」と同じ自己発見に基づく発言のはずだ。だが、裁判官や検事という資本主義国家の体制を護持する「敵」に対するとき、永山の言葉は憎悪だけを露出させて一面的になる。（検察は一審の論告で、この「今でも事件を起こしたことを、まったく後悔していない」という発言を、永山に改悛の情のない証拠として、死刑求刑の論拠の一つとした。）

憎悪する主体としての永山は、法廷闘争を激化させる一方、「学習」も加速させた。彼は「非市民」たるルンペンプロレタリアートを排除したことをマルクスの、またマルクス主義の誤謬として批判し、『人民をわすれたカナリアたち』の末尾に掲げた「『驚産党宣言』草案（手稿）」を「**万国のルンペンプロレタリア団結せよ!!**」（ゴチック太字原文）と結び、『資本論』のパロディとしてのユニークな犯罪論を含む『ソオ連の旅芸人』（八六年刊）を書き、ヘーゲルの『大論理学』を読破し、ヘーゲル論理学に対抗して独自の「新論理学」を提唱するにまでいたる。

彼は決して知的向上心だけでその「思想」を築いたのではなかった。たとえば彼がルンペンプロレタリアートの重要性を強調したのは、まぎれもなく、極貧の中で生い育った犯罪者たる彼自身が典型的なルンペンプロレタリアートだったからなのだし、彼の提唱する「新論理学」なるものも、「人民大衆」（そのイメージの中心には約五百日も中学校を欠席した「無知」なるかつての自分自身がいる）に「学習＝独学」可能な知の体系整理を意味していた。つまりその「思想」は、ひとえに永山の自己認識（自己の犯罪認識）を核として構築されたものだった。

永山は、すでに七〇年一月二十六日のノートにこう書いていた（傍点原文）。

> 憎悪が人の思惑の中にあるのと、ないのとでは、その時、その日の生き方が違ってくると思う。めざめの時期己れ個〔固〕有の責苦になるが、それを通り越し、やがて世間の仕組みを知るようになると、他へその原因を発見する。――その後どうなるのか!?

まだ「学習」の初期である。だが、漠然とながら、たどるべき方向は見えている。そういう状態で永山は、憎悪を克服する道筋を模索しているのだ。

おそらく永山の理路は、その後の彼の思想的な営みまで射程に含めていえば、次のようなものだった。――社会への憎悪は、犯罪者の自己覚醒の時期、反転して自分自身を苛む自己呵責となるが、やがて「世間の仕組み」を知ると、階級社会にその原因があったことを発見する。では、「その後どうなるのか!?」責任を社会に転嫁することに終ってはならないだろう。しかしまた、原因を社会に発見した以上、自己一身の悔悟の中に閉じこもってもならないだろう。自己の償いきれぬ罪は罪として背負いながらも、二度と自分のような犯罪の起らない社会、「仲間殺し」の起らない社会を構想すること、それこそが自覚した罪人としての彼の最後の責任であるだろう。そしてそのとき、憎悪は最終的に克服されるだろう。――事実、永山は彼の力の及ぶかぎり、その責任を全うしようと努めたのだった。

中野重治はかつて、マルクス主義という真理の体系からの転向者、裏切り者（＝罪人）としての自覚に立って、転向者（＝罪人）の再生の方途を考察したエッセイ「『文学者に就て』について」（一九三五年）で、こう書いていた。

《僕は或る人びとの前科者にたいする態度を思い出している。盗みをした男にたいして雇いいれを拒むのが彼らの常である。俗人の仕方としてこれはうなずけないわけではない。しかし盗みをした男は、その自己批判を、何か変質者でないかぎり、ふたたび盗みをしまいという戒律をつきぬけて、盗みそのものの社会的絶滅の方向へ進め得るのである。そしてこのことを見ることに文学作家の本来の眼があるべきではないのか。》

永山則夫は、中野重治のいうとおりのことを実践した。彼は犯罪者としての苦しい「自己批判」から、二度と罪を犯すまいという「戒律をつきぬけて」、未来における犯罪そのものの「社会的絶滅」の方向へとその思索を進めたのだ。

刑罰が罪人の悔悟と更生という教育的意図を含むなら、永山則夫という殺人者は、その教育的意図のこの上ない成功事例である。(その思想は国家の現体制を「敵」とみなす思想だったが。)国家はその永山に死刑判決を下し、処刑した。なるほど死刑という刑罰は教育という意図をいっさいもたない。

永山の「学習」は、「外」からの自己理解がどんな高みまで到達しうるかを見事に示している。だが、社会科学の言葉は、この自分をも「人間」一般として(「プロレタリアート」一般として、あるいは「ルンペンプロレタリアート」一般として、といってもよい)、考察する言葉である。だから私には、「内」からの言葉のない自己理解はまだ不満である。というより、私は、社会科学の言葉こそが、永山に、「それ」との「内」からの対峙を回避させたのではなかったか、「学習」に没頭している限りにおいて永山は「それ」に脅かされずに済んだのではないか、とさえ疑っている。

彼はたしかに、社会思想的には憎悪を克服する道を示したかもしれない。しかし文学は、さらに、その永山を鞭打つように、「その後どうなるのか!?」と問うのだ。君を虐待した兄たちや君を見捨てた母親への憎悪を、「人間」一般の憎悪ではなく、「ルンペンプロレタリアート」一般の憎悪でもなく、君自身の憎悪を、君は克服できたのか、と。

3　永山則夫が李珍宇と出会った日

秋山駿が李珍宇を「内部の人間」と呼んだのに対して、中上健次は永山則夫を「外部の人間」と呼んだ。「永山はいかなる意味においても外部の人間(行動者)である。(中略)永山にとってもともと内部（言葉）というものはなかった」（「犯罪者永山則夫からの報告」）。永山の逮捕後間もなく、まだ新聞や週刊誌の報道ぐらいしかなかった時点で書かれたエッセイだが、中上の直観は、中上自身の意図を超えて正確だ。

「外部の人間」たる永山は、言葉を所有した後も、「外」からの自己理解を貫こうとしていたのだし、そもそも永山の「私」は事件（行動）の結果として誕生したのだ。「事件が在る故に私がある」とは、まぎれもなく「外部の人間」の定式である。

後年のことになるが、永山は『反―寺山修司論』（七七年刊）で、「**デマに勝つのは事実しかないとするのが貧しい者のやり方だ**」（ゴチック太字原文）と書いた。寺山がエッセイ「永山則夫の犯罪」で、「永山が、虚構の原基である裁判に、何を期待しているのか私は知らぬが、いずれにしても『事実』という名の幻想などは早く捨てた方がよい。虚構に勝つために必要なのは、虚構による戦略である」と書いたことへの反駁である。

たしかに、「事実」はつねに言葉を吸い寄せ物語（虚構）を纏いつかせ「意味＝解釈」を呼び寄せる。「事実」と「虚構＝物語」とを切り離すことは難しい。「事実」などなく、あるのは「虚構＝物語」だけだ、重要なのは「虚構による戦略」だ、というとき、世界（事実）の変革よりも世界解釈（物語）の変更を優先させる者として、寺山修司は典型的なポストモダニストである。裁判は「虚構の原基」にすぎないというその発言は〝反権力〟的に響くが、こういう〝反権力〟はシニシズムにしか行きつくまい。それも、すべては「虚構＝物語」にすぎないという認識によって、結果的に理念を喪失し、現実をアイロニカルに肯定するに至るポストモダニズムの典型である。

ポストモダンの観点から振り返れば、貧困による犯罪という点で、またマルクス主義による主体化という点で、永山則夫の犯罪も思想も、モダン（近代）の典型とみえる。だが、独房での独学によって主体化した永山は、七〇年代に入って彼の支援者たちが日常に復帰し、さらに八〇年代の消費社会やポストモダン的思想文化に適応していった後も、独房の中で六九年を凍結させていた。その凍結の凄まじさによって、永山はポストモダニズムへの頑強な抵抗者だった。

「貧しいもの」には「事実」しかない、と永山はいう。「貧しいもの」とは、むろん貧困者のことだが、貧困のゆえに社会感情も人間関係も破壊され切断されて、言葉をも内面をも奪われた人間のことにほかならない。

《欠乏のあるところ常に「事実」がある。》（大岡昇平「靴の話」）

後に述べるが、永山のいう「事実」の根底には、極寒の網走での捨て子体験があった。五歳の永山は、言葉もなく、意味もわからぬまま、橋の上に放置されて、ただ震えた。それが「事実」である。そして当然、自らの握った拳銃で四人を殺したという彼自身の犯罪があった。あらゆる言葉を難破させ、安易な意味づけを拒みつづける「それ」。それが「事実」である。

だからこそ、永山自身、言葉を拒み、意味を拒む「事実」を納得するための物語をはげしく欲していた。彼がマルクス主義の提供する解釈の体系（物語）に同一化したのはそのためだ。だが、どんな物語も「事実」に基づかぬかぎり真実たりえぬ「デマ」にすぎない。虚偽の物語たる「デマ」は、かならず「事実」の細部によって裏切られ、その虚偽性を暴露されるだろう。**「デマに勝つのは事実しかない」**というのはそういう意味である。

実際、永山は犯罪に至るまでの自分の生い立ちや犯罪そのものの細部にこだわりつづけた。彼は自分の半生そのものを詳細に点検していたのである。だから彼は、たとえば、同じ家庭環境に育った彼の兄姉たちが犯行を犯していない以上環境的負因を特別重視してはならない、という最高裁の論理に対して、自分と兄姉たちは同じでないこと、年齢の違いがいくつもの大きな環境要因の違いをもたらしたのだということを、詳細な「事実」を挙げて論証する（八六年十一月十二日東京高裁差戻し審第十六回公判）。（永山は絶対に正しい。人間各個の個別性は各自の異なる諸関係の、つまり異なる諸「事実」の束として形成されるのだ。兄であり姉であり弟であることにおいて、各自は決定的に異なる諸関係にある。現に子供の彼は兄たちからひどい暴行を受けていたし、網走に捨てられた兄姉たちによってさらに捨てられかかったのだった。しかし闘争者たる永山はそのことを、いつも、自分で主張する。それが彼の「敵」たる裁判官たちの心証を害したであろうことは疑いない。）

永山の「やり方」は李珍宇の「やり方」とまったく相反する。「事実」に固執する永山則夫と「事実」を軽蔑することで「内部＝内面」の優越を保持しつづける李珍宇と、こうして、「外部の人間」（中上健次）と「内部の人間」（秋山駿）は向かい合って立つのだ。必死に「事実」の力を信じようとする男は言葉にも内面にも見棄てられた男であり、「事実」を軽蔑する男は言葉と内面以外の一切から見棄てられた男である。

その永山則夫が拘置所で『罪と罰』を読み了えた七〇年八月七日のノートの記事は「李珍宇」の名とともに記されていた。

《季〔李〕珍宇もドストのファンだった。そして、この私も、ラスコーリニコフを真似たような私も、ドストには縁が深いのだ。》

永山はこれより前、六月二十五日のノート（「死する者より・その五十九」）の冒頭に、「李珍宇忌。」と記していた。しかし、李珍宇が処刑されたのは六二年の十一月十六日である。六月二十五日という日付は李珍宇と特別な接点をもたない。永山はこのとき、李珍宇の獄中書簡集『罪と死と愛と』を読んでいた。たぶん「李珍宇忌。」というのは、「李珍宇を悼む」というような意味だろう。あるいは、永山則夫が李珍宇という自分の先達のような若者と出会ったことを記念する日、まったく私的に、孤独に、ただノートのなかだけで記念する日、という意味であるかもしれない。

六月二十五日、永山は「私と同じ境遇の中から事件を起こし」た李珍宇を「先輩」と呼び、李がキルケゴールについて考察した手紙（六二年七月二十四日付朴壽南宛）を長く引用した後、こう記す（傍点原文）。

私は……………………………………………………………………………………………

……………………………………………………………………………………………………

……どうしたらいいのだ。広義にも狭義にも世界とは、何てせまいところなんだろう！　私の事件からして、彼を模倣して来たような気持になってしまった。私は未だ彼のようではない、しかしいずれ彼まで行けなくても、彼のようになるだろう。彼は私の憧憬するものの対象ともなるだろう、きっとこの以降………。しかし、私は彼ではない。彼は歴史上に在ってしまったが、私はまだ居るのだ。しかし、私は彼ではない。私の今までが彼の模倣でしかなかったのなら、私はあまりにも虚無的な存在でしかなかった、非常に空間的に生存していたことになる。このことは、私が彼をこの本を読むまで知らなかった、と言っても、何の足しにもなるものでもないのだ。私は何という間抜けなのだろう！　今までの無知、今までのエラタカ振った文面上の私……………悲しくなる……………。

「……」の異様に長い、しかもくりかえしての使用が、目を引く。彼のノートにこんな例は他にない。永山が李珍宇書簡集から受けた動揺の、言葉にならぬ深さを示すものだ。

「私の事件からして、彼を模倣して来たような気持になってしまった」と永山は書く。ここには、『罪と罰』を読み了えて「ラスコーリニコフを真似たような私」と記すのと同じ心理状態がある。

だが、永山が「私の憧憬するもの」と書きながら、「しかし、私は彼ではない」と二度もくりかえしていることにも注意しよう。同様にひどい貧困の境遇で育ち、ほぼ同じ年齢で社会を震撼させるような犯罪を犯し、同じく独房のなかでむさぼるように書物を読んで思索するこの「先輩」に対して、永山は強く惹かれつつ、しかし、懸命に身を振りほどこうとするのだ。永山のなかで、李珍宇に対する同一化の欲望と差異化の欲望がせめぎ合っている。永山は李珍宇と自分との、外的条件の類似にもかかわらず、内的な精神の形がまったく反していることを直覚しているのである。

李珍宇と永山則夫——たしかに、これほどにも外的条件を共有しながらこれほどにも異なる形をした魂もなかった。だが、いま、「内部の人間」の内的省察力の深さが永山の自己理解を動揺させる。「私は何という間抜けなのだろう！　今までの無知、今までのエラタカ振った文面上の私……………悲しくなる……………。」

この日のノートは実にドラマチックな様相を呈している。この「……」が示す口ごもりのさなかに、母親からの差し入れ金が届くのだ。つづけて引く（圏点、傍点原文）。

> たった現在、彼の、家庭での彼の立場というものを書こうかと思っていた矢先に、母親という人から現金が郵送されて来た。傍点を打った箇所にある思惑は、今私が一等忘却を祈願するものなんだ。
>
> 私には肉親というものを考えることは出来ない。なぜにこうなってしまったのかを一言的に表現すると、すべて、すべて、すべては、貧困生活からだと断定できる。貧困から無知が誕まれる。そして人間関係というものも破壊される——私の家庭が典型的な例証になる。添加して、この事件のようなものにも影響する可能性は十分ある。珍宇よ、あなたのような事件も惹起

される可能性も充分に考えられる。珍宇よ！　あなたには怒りというものがなかった。それだから、私が何時も朝起床すると口ずさむ次の言葉の意味が理解せられるかどうか疑問だ。

「次の言葉」として永山が記すのは、河上肇の『貧乏物語』の末尾に引用されているウィリアム・ボンガーの『犯罪と経済状態』中の一節である。

《Poverty kills the social sentiments in man, destroys in fait〔h〕all relations between man. He who is abandon〔e〕d by all can no longer have any feeling for those who have left him to his fate.》

英文につづけて永山は、「教育課長さんへ」として河上肇による邦訳も写している。（もちろん「教育課長さんへ」は検閲者へのユーモラスな嘲弄である。）

《貧乏は人の社会的感情を殺し、人と人との間における一切の関係を破壊しさる。すべての人々によりて捨てられた人は、かかる境遇に彼を置き去りにせし人々に対しもはやなんらの感情をもち得ぬものである。》

永山がボンガーの英文を毎朝口ずさむのは、そこに自分自身を発見したからである。李珍宇は他者との共感不能性に苦しんだが、永山はいいたいはずだ。珍宇よ、私の場合と同じく、君の「社会的感情を殺し」「一切の関係を破壊」したのは君の貧困なのだ、貧困こそいっさいの元凶なのだ、自分だけを責めてはならない、と。「珍宇よ！　あなたには怒りというものがなかった。」

永山はここにおいて、李珍宇と自分との差異をはっきりと確認する。「要するに、私はすべての事件を外罰的に視ようと焦りながらも努めている。そのことを自身でも分っている。これは救われないことだ！　そして、これでは問題は解決の方へちっとも進展しないだろうことも（少なくとも現代社会の現状では……）。」永山は無自覚にマルクス主義理論に同一化して「外罰的に」社会批判を展開していたわけではなかった。永山は自覚して「焦りながらも努めてい」たのだ。「これは救われないことだ！」

永山は、李珍宇が初期のキリスト教と実存主義への集中から朴壽南によって民族と政治に眼を開かれていったプロセスを承知している。永山自身も、たとえば二冊目のノートの扉には、「誠にまことに汝らに告ぐ、一粒の麦、地に落ちて死なずば、唯一つにてあらん、もし死なず《ママ》ば、多くの実を結ぶべし。」というヨハネ伝福音書の一節を引き、「我、これに生きてみたし。」と記していた。（「もし死なずば」は「もし死なば」とあるべきものだ。この写しまちがいは〝深読み〟したくなるところだが控える。）永山もまた、罪人として、宗教と実存主義への傾斜の一時期を過ごして来たのである。「これは救われないことだ！」にはそういう背景が含まれている。

だが、永山はすでに立場を選んだ。というより、いま、このとき、李珍宇という「先輩」との差異を確認しつつ自分自身の立場をきっぱりと選び直すのである。（永山が法廷で突然ボンガーの英文を暗誦するのはこのノートの五日後、七〇年六月三十日の第十二回公判のことだった。そのとき廷内に異様な緊張が走ったという。）永山はつづける。「それでも尚、私は、窮極的には社会改良――国家革命——しか、私たち（李よ、ゆるされたい）のような事件を阻止することが不可能だということを結論せるのだ。」そしていう。「あなたはあまりにも自覚して内罰的だったのだ。」

こうして、永山則夫の李珍宇との出会いを記念する美しい文章が記される。獄中ノートの膨大な言葉のなかでも際立つ一節だ。

私は思う。珍宇、あなたは石だ。その辺の道端の石だ、でも、けなしている訳じゃやけっしてないよ。私もその辺の石っころに成ると思う（成りたい）。そしてその石が何時かきっと誰かの手に拾われて、私たちをこのように陥れさせた張本人に投げつけられることを祈って……。

「その辺の道端の石」は、貧困のなかにうち捨てられ、「社会的感情」を殺され、あらゆる人間的な「関係」を切断された二つの「無用」の実存の比喩としてこの上ない。その「無用」にして無名の「石っころ」が革命の日のささやかな武器として役立つことを祈るという夢想もまた、比類なく美しい。ここには、小さきもの、つつましきものの自覚がある。この自覚も、李珍宇との内的対話がもたらしたものだ。

「私はこの以降珍宇にライバル意識を感じることと思う。君より私は出来が悪いが、私は私なりでやって逝くつもりだ」とノートはつづく。「やって逝く」は誤字ではなく、永山の意図的な用字法である。死刑を覚悟しながらも彼は自分なりに「学習」し、そして、「逝く＝死ぬ」のである。

この日のノートはここで終わってもよかった。だが、永山の独語はテーマを「孤独」なるものに転じてなおつづき、最後に、「私」の背後から「ぼく」という一人称が出現する。くりかえすが、李珍宇の言葉に触発されたこの日のノートは実に興味深い心のドラマを見せてくれる。

久しく『ぼく』が私に話〔し〕かけている！

『珍宇君いいね……。綺麗なお姉さんがついててくれて。ぼくはうらやましいなァ。（中略）ぼくのオチンチンは女をたくさん知っているよ！　でもね、本当の恋は出来なかった。それが今でも残念で、君のお姉さんみたいな女性を夢見る訳なのさ。（中略）珍宇君ぼくは、君の本を見て泣いた。何故か知らない……。昔の中に捨てられたぼくの『ぼく』が、忽然とあらわれたからだと思うんだけど。（中略）珍宇！　ぼく今すぐごく友達がほしいんだ。ほしいんだ！』――『ぼく』は仕方のない奴だ！

永山の「私」は、「学習」し、知識によって自己武装し、不断に自己改造しつつ、闘争する主体として立ちあがろうとする。「ぼく」はその「学習」し闘争する主体によって排除され隠蔽されたもう一人の自己である。知識という武装もなく、主体化される契機も与えられずに、「無知」も弱さも凡庸さも軽薄さもそのままに永山の心中に放置されている平凡な二十一歳の青年なのだといってもよい。そして、その「ぼく」の中にはさらに、「捨てられたぼくの『ぼく』」、弱小で寄る辺のない「捨て子」としての少年の「ぼく」もいる。李珍宇の言葉は永山の「内部」をかき乱し、そういう「ぼく」の声をも流露させたのである。

（なお、永山は後に一時期獄中結婚もしたが、永山に被害者への共感の通路を開いたのは、李珍宇とちがって、女性ではなく子供だった。函館事件の被害者に幼い子供がいたことを知ったとき、彼は愕然とした。子供とは、かつての寄る辺ない彼自身である。永山は「捨て子」としての自己愛を延長することで世界とのつながりを回復するのだ。その永山の思想の核心は、魯迅の『狂人日記』の「狂人」の叫びに集約できる。すなわち、「子供を救え！」。永山は刑死前に、印税でペルーの貧しい子供たちを支援するよう遺言し、「永山子ども基金」が設立された。）

大谷恭子は「永山君は激しく論理で責めたててくるが、論理の武装を解いたとたん、まるで小さい男の子のように甘えん坊になった。この最初の印象は、その後もずっと変わらない。人を斬り捨てつつ、人なつこい。攻撃と求愛が激しく同居しているのだ」（『死刑事件弁護人』）と書いている。おそらく永山に接したことのある誰しもの印象だろう。闘争する主体としての「私」と主体化されることのない「ぼく」と、永山則夫には深い分裂がある。

永山が李珍宇の言葉と出会った時期、永山はまさしく、自己を闘争する主体として樹立しようと「焦りながらも努めて」いたのである。その努力が無理や歪みを伴うこと、それが彼の内なる「ぼく」を殺し、自己というもののあり方を決定的に損なうかもしれないこと、その意味で「救われないこと」であることも、「自身でも分って」いた。だが、彼はこの性急な努力に賭けるしかなかった。それが永山則夫の「学習＝主体化」だった。

永山が『罪と罰』を読み了えた八月七日のノートはこう書き出されていた。

《八月七日。四年間かけてやろうと肝に命〔銘〕じた哲学書五十冊もう少しで集まる。これを四年間でやってしまいに《ママ》よいだろうか？ ――という不安感がないでもなかったが、兎に角公然と買うとある看守に宣言して一ヶ月経った今、後少しで集まる。》

「哲学書五十冊」購入を宣言したのが一ヶ月前だったことに注意したい。それは彼が「李珍宇忌。」と記し、そのノートに引用したボンガーの英文を法廷で暗誦した直後である。彼のこの途方もない知的向上心を刺激したのが優れた「ライバル」李珍宇への対抗意識だったことはまちがいない。『罪と罰』の発見も、李珍宇を意識したこの知的向上心の極端な傾斜の上で生じている。九月十日の記述で「知識人」と「一生徒」に傍点を付けたのもこの傾斜面の延長上でのことだったはずだ。もう一度引いておく。

《そう、死刑囚には戦慄すべきものがないという一個の知識人としての、少くとも唯物史観を手がけている一生徒としての、大胆不敵的生存態度に他ならないのだ。》

「内部の人間」たる李珍宇との出会いも、永山の一面的な「学習＝主体化」に歯止めをかけることはできなかった。むしろ出会いは、李珍宇に対する「ライバル」意識によって、彼の向上心を刺激し、「学習」を加速させる結果に終わった。永山の「私」と「ぼく」とを統合する機会はこうして失われた。

ただ、永山には、「学習」する「私」の散文において排除され隠蔽された「ぼく」の多様な声を詩において解放するという一面があった。詩はその意味でも、永山の「悲しき玩具」だったのである。しかし、一冊目の使用目的を「詩その他勉学のため」として始まった彼のノートは、二冊目から「詩その他」が消えて徐々に散文中心へと移行していき、ついに詩との別れが来る。

「私は、短歌詩を捨て、現今において詩をも捨てようとしている」と永山が書くのは、「七一年七月二十一日夜明け前。」「李珍宇忌。」のノートから一年と一ヵ月の後のことだ（引用は河出文庫版『人民をわすれたカナリアたち』より）。

この日の記事は、一冊のアンソロジー詩集を読み了えて、なかでも中原中也の詩「骨」を「とくに印象深く感じた」、と書き出されている。彼はさっそく「骨」をノートに書き写す。そしてこう記す。


「思えばなんとも」不思議なものよ、この詩は「ホラホラ」私の或る詩と大変似ている……。

「思えばなんとも」も「ホラホラ」も筆写した「骨」の表現の引用である。
《ホラホラ、これが僕の骨だ、／生きていたときの苦労にみちた／あのけがらわしい肉を破って、／しらじらと雨に洗われ、／ヌックと出た、骨の尖《さき》。》　（「骨」第一連）
《生きていた時に、／これが食堂の雑踏の中に／坐っていたこともある、／みつばのおしたしを

食ったこともある、／と思えばなんとも可笑《おか》しい。》

（「骨」第三連）

「私の或る詩と大変似ている」というのは、『罪と罰』や李珍宇書簡集の読後感と共通する反応だ。中原の詩が大いに永山の気に入った証拠である。

「骨」は死後の自分の骨を自分が見ているという不思議な詩だが、それが死刑を覚悟していたこの時期の永山の心にしみたのかもしれない。だが、実際にも、永山の「或る詩」が中原の詩と似ていないことはない。永山の詩はたいてい、中原と同じく、歌謡調や平易な俗語調で感慨を流露させるものだったからだ。闘争者・永山則夫は、詩においては時々〝武装解除〟していたのだ。

永山は「中原中也という一風変わったプロレタリア的な詩人」と書いている。もちろんこれは誤解である。中原の素性は、プロレタリアどころか、まともに働いたこともない資産家の放蕩息子だった。だが、永山が中原の詩に「プロレタリア的な」もの、「貧しさ」を感得したのだとすれば、この誤解は興味深い。中原が心がけたのは、いわば「心の貧しさ」とでもいうべきものだった。世界を高みから見下ろすことなく、弱きもの、小さきものの自覚において、欺瞞や虚飾を排して、ありのままの心を歌おうとしたのである。

中原中也は若いころ、小林秀雄をこんなふうに評したことがある。

《この男は嘗て心的活動の出発点に際し、純粋に自己自身の即ち魂の興味よりもヴァニティの方を一足先に出したのです。》

（「小林秀雄小論」）

中原の小林評に立ち入ることが目的ではない。ただ、中原が「ヴァニティ」つまり虚栄を「魂」の反対語として用いていることに注意したいだけである。「人はヴァニティの方に傾く即ち堕落する方は楽なので」とも中原は書いている。「ヴァニティ」は、自分自身よりも他人の眼に映る自分を重視することによって、必ず自己欺瞞をもたらすのだ。たしかに、中原中也は自分の「魂」にわずかの虚栄も許さなかった。詩は「魂」の真率な流露でなければならないのであり、「魂」というものをいつも〝武装解除〟しておくためにどんな内的努力が必要であるか、中原中也はそういうことを徹底して自覚し実践した詩人だった。

　草稿のまま残された中原のこの小林秀雄論（二七年の執筆と推定されている）は、ほんの短い言葉足らずの「小論」だし、文意も一部混乱している。だが、中原自身の論理とは別に、含意するものは大きい。

　若き中原中也は詩人であり（あるいは詩人たらんと志し）、若き小林秀雄は批評家だった（あるいは批評家たらんと志していた）。その小林秀雄は彼の批評の核心に「宿命の理論」（「様々なる意匠」）というものを置いた。「宿命」は中原のいう「魂」のことだと考えてよい。「宿命の理論」とは、だから、「魂」の自己認識というにほかならない。

　だが、批評は知的言語を用いる。「ヴァニティ」の誘惑は、その知的言語そのものに胚胎している。知的言語とは、この「魂」ではなく「魂」一般についての、この「私」ではなく「人間」一般についての、知を集約した言語、つまり、「外」から自分を理解しようとする言葉であり、かつ、社会が認定する「真理」という権威に基づいてヒエラルキーを構成する言語である。知的言語の習得はそれ自体が権威による「魂」の自己武装、自己装飾であって、「学習」によるヒエラルキーの上昇は否応なく権威としての自己顕示、つまり「ヴァニティ（虚栄）」を呼びこんでしまう。だから、「魂」を〝武装解除〟し、「ヴァニティ」を排除するためには、知的言語の誘惑をこそ警戒しなければならない。

もちろん小林秀雄と永山則夫を比較するなぞばかげたことだ。しかし、小林であろうと永山であろうと、知的言語は「ヴァニティ」をもって誘惑する。中原の詩「骨」に感応したとき、永山は彼の知的向上心の孕む危険に対する最も本質的な批判者に遭遇していたのである。だが、その中原の詩への強い共感を記した同じ日付で、永山は詩と訣別する決意を記す。

《私は、短歌詩を捨て、現今において詩をも捨てようとしている……。上述したように、貧弱なわが思想の文綴りを、詩にした場合、尚更それが顕著になるという小心翼々たる杞憂が支配するからでもある。》

自分の未熟さ、自分の弱さが、詩において露呈することを恥じ隠したいというのが、彼の「歌の別れ」（中野重治）の動機である。これほどにも反・中原中也的な態度もあるまい。李珍宇と出会い、すれ違った永山は、こうして、中原中也とも出会い、すれ違ったのである。（なお、李珍宇を「内部の人間」と呼んだ秋山駿において、「内部の人間」の原型は中原中也だった。）

4　小説の力

八三年二月、永山の小説『木橋』が第十九回新日本文学賞を受賞した。ノートには早くから小説の試みがいくつか見られるが、永山が自覚的に自伝的小説を書き出すのは『木橋』からである。「詩」による自己慰撫から出発した彼の言葉は、社会科学による外在的な自己理解と自己樹立の期間を経て、ようやく内在的な自己理解の表現へとたどり着いたのだといってもよい。

永山の一連の自伝小説執筆が、八一年八月の高裁による無期懲役判決以後のことだというのは重要だ。検察が直ちに異例の上告を行ったとはいえ、「死」の脅迫のゆるめられたことが、かたくなな闘争の言葉と異なる言葉の表出を永山に可能にしたのである。

もっとも、永山が当初から一連の自伝小説執筆を意図していたかどうかは疑わしい。八三年七月に最高裁小法廷が原判決破棄と東京高裁への差し戻し判決を宣告した（死刑の公算が高まった）後に永山が書いたのは長篇『死刑の涙』である。『死刑の涙』は、獄中で人類解放の思想を作り上げた「創造的思想家」が刑死した後、その遺志を継いだ青年が死刑制度を廃止させるための爆弾テロを敢行する、という内容で、永山はこれを「文藝賞」に応募するが落選した。（支援者の手で八八年にガリ版刷りの私家版として発行された。）「創造的思想家」のモデルは永山自身である。つまり、自伝小説の中の弱小な少年ではなく、「学習」による主体化が誇大妄想的に肥大した「思想家」永山則夫である。その永山が一連の自伝小説執筆に向った背景には、編集者・阿部晴政氏の良き誘導があった。

しかし、永山にとって、あらゆる表現は法廷闘争と関わっている。つまり、永山にとって純粋な文学活動などありえない。彼の自伝小説も法廷に提出する証言としての意味を託されていたろうし、さらにいえば、永山自身が提唱した「生きざまさらし運動」（市民各自が自分の「生きざま」をさらし合うことで、自己批判・相互批判による向上を目指す運動）の小説形式を用いての実践だったろう。永山の意味づけでは、小説は「虚構」ではなく「事実」の証言でなければならないのだ。

だが、作者が小説をどのように意味づけ、どのように利用しようと目論もうが、小説は小説自身の論理と力をもって作者自身を変容させる。

中学一年生の「N少年」を描く『木橋』は、末尾、青森県の田舎町の木橋の上で、バスが通過して橋が揺れたとたんに、彼の脳裏に、「北海の流氷が見える港町に架かる橋」の上での幼い日の切れ切れの記憶がよみがえったときのことを記している。橋上で一人ぽっちの幼い彼は、橋を大きく揺らす巨大なトラックの通過に恐怖した。それは永山則夫の原点としての「捨て子」体験、永山の実人生でいえば、十四歳の三姉、十二歳の次兄、十歳の三兄とともに母親に置き去りにされて、十月から翌年の三月まで、極寒の一冬を飢えて過ごした五歳の網走の記憶である。

しかも『木橋』が切れ切れに描くのは、姉兄たちによって橋の上に置き去りにされた（置き去りにされたことすらも理解できない）幼児であり、姉兄たちのいる家に戻った後でその姉兄たちによって「布団蒸し」にされ、恐怖のあまり助けを求めて泣きわめいていた幼児である。幼い無力な永山は、必死に生き抜こうとする兄姉たちの〝足手まとい〟だった。つまり彼は〝捨て子のなかの捨て子〟だった。

しかし、幼かった永山はそのことの意味を理解できなかった。死の恐怖と結びついた一連の出来事は、理解できないまま、言葉も意味も与えられずに、今日の用語でいうトラウマとして、記憶の底に沈んでいたのだ。思い出した「N少年」もすぐには意味を了解できない。『木橋』は、冬の橋上で網走の記憶を思い出した「N少年」が「それらが何であったのか」理解するのは、その一冬を越してからのことだった、と書いている。

一冊目の獄中ノートの扉に、永山は、「なるべく、それに触れたくない」「それを思い出すと、このノートは不用に成るから」と書いていた。それは彼の犯行のことだ。だが、永山の言葉を萎えさせ、意味づけを拒んだ了解不能の原点としての「それ」は、網走での五歳の彼の体験である。それはまさしく、永山則夫が〝捨て子のなかの捨て子〟として誕生した「起源の光景」にほかならない。いわば、永山則夫の半生は、五歳の冬の「それ」に始まり、十九歳の晩秋の「それ」に至る、二つの「それ」にはさまれた半生である。

永山が原点としての「それ」を小説の言葉で表現したのは『捨て子ごっこ』(八七年)においてだった。そのとき、切れ切れの記憶でしかなかった「それ」を描くために、永山は自覚して「虚構」へと踏み出さなければならなかった。しかも「虚構」によって永山は、母親への、兄姉への、あの憎悪を、憎悪一般ではなく彼自身の憎悪を、たしかに克服した。子供らを置き去りにしなければならない母親の苦衷も、幼い「N」を「布団蒸し」にする兄姉たちに一瞬萌す殺意の悲しさも、『捨て子ごっこ』から読みとれる。

たとえば、汽車の時間が迫るなかで母親は急いで置き手紙を書く。「カッチャハアオモリノイタヤナギッカエリマス／ゼンコ五シャクエンド／コメヲ二シュウカンブン／ミソッコモスコシオイドギマス／コレデナンドガクラシテイナサイ／カナラズムガエニキマス／アドハオヤジサンサタノミナサイ／ハハヨリ／コドモダヂヘ／サヨナフ」

「ヨシは、『サヨナラ』の『ラ』を『フ』と書き間違えたことに気がつかなかった。」と作者はつづける。言葉＝文字は彼女の心を裏切って歪む。あるいは、余儀なく子供らを置き去りにする彼女の心をそのまま表出して歪む。

また、布団蒸しは中学生の明子が国語辞典から「言葉拾い」をしている最中に起る。「それらの言葉は、例えば、〈概念（がいねん）多くの事物に共通する内容をとり出しその事物にある偶然的性質をすててできる観念。事物の意味。概念概念　概念　概念……〉と、二、三行書き綴って覚えたものの復讐である。」

つづいて作者は、彼女のノートに拾われた言葉＝文字を記す。「〈哀感　哀愁　哀惜　哀切　哀史
哀訴　哀悼　哀憐　青息吐息　赤恥　悪因悪果　悪運　悪感情　悪道無道　悪行　悪業の報い　悪循環　齷齪　悪戦苦闘　悪態　悪魔　悪辣　頭打ち　荒家　阿鼻叫喚　荒縄　荒療治　有難迷惑　荒れ性　荒れ模様　暗雲低迷　暗記　暗愚　暗礁　暗中模索　安眠妨害　暗涙　安楽死　暗愁　案じる
暗然　暗澹……〉」

「言葉拾い」は彼女の向上心の発露としての「学習」だが、拾われた言葉たちは絶望的な境遇を反映して暗く、彼女の向上心を裏切っている。これらの言葉の選択はいくぶんあざとく感じられるかもし

れない。しかし、永山が一冊目の獄中ノートの一ページ目の余白に書き取り練習した言葉も、列挙すれば次のような言葉だった。〈哀憐　揚げ荷　喘ぐ　垢染みる　諦める　空罐　憂欝〉つまり永山は、自分自身の学習体験を投影して姉の学習場面を描いているのだ。いわば、憎悪しつづけてきた肉親を自分の「分身」として描いているのである。

弟たちがNを布団蒸しにしているのに気づいた明子はいったんは止めるものの、次には彼女自身加わってしまう。姉の「学習」はNを救わない。むしろ「学習」の障碍だから、Nは除去されなければならないのだ。ここでは、「学習＝向上心」がかえって「弟殺し＝仲間殺し」を招くのである。

そして、兄姉たちは、ついに、生き延びるためにNを捨てようと決意し、年上二人に命令された保が橋上にNを置き去りにする。

「じゃっ、なッ」

その場にその言葉を投げ与えて、保は、駆けて逃げ出した。それでも、彼は網走橋が陸地に繋がる所で立ち止まり、橋の中央に姿を小さくして言われたとおりに佇んでいるNを振り返った。そして彼は言った。

「サヨナフ、」

保は一目散に逃げ出した。もう振り返らなかった。

（傍点原文）

「サヨナフ」はたしかにあざとい。だが、大事なことは、明子の「言葉拾い」で列挙される言葉の選択のあざとさと同じく、これが母親の置き手紙の文字の歪みを反復模倣する明らかな虚構であることだ。永山は、貧困者が言葉から見捨てられることを、そして、言葉から見捨てられたのが自分だけでなく、自分を捨てた時に母親も兄姉たちも言葉から見捨てられたのであることを、小説として描くためにこの虚構を必要としたのである。つまり彼は、虚構を介して自己を対象化し、母親や兄姉たちを対象化し、そのことによって、即自的な肉身憎悪を克服したのだ。

小説は、「視点」や「焦点化」の設定の仕方とはかかわりなく、人物たちを「内」から認識し「内」から造型し、描かなければならない。それが小説というものの力の源泉であり、その力によって、小説が永山を変容させたのである。このとき永山は、切れ切れの記憶でしかなかった「それ」を描くために虚構へと踏み出し、虚構によって「それ」を再現するしかなかった。「事実」を書くこと自体がすでに「虚構」への踏み出しなのであって、小説の力とは、「事実」そのものの力ではなく、むしろ「虚構」の力である。永山はそのことを、初めて、自覚し、実践した。――私は『捨て子ごっこ』を読んでそう思い、そう書いた(「作家の誕生」『悪文の初志』所収)。

しかし、その小説も、ついに二つ目の「それ」、彼の後半生を独房に閉じこめた「それ」に到達することなく終った。死刑が確定し、外界との接触の方途をほとんど奪われた永山が死刑執行まで倦むことなく書きつづけていたのは長篇小説『華』だった。『華』は、『死刑の涙』と同様、獄中で独創的な思想体系を作り上げた死刑囚の思想に共鳴する人物たちを主人公にした空想的な願望充足の小説だった。拘禁状態に置かれた作者の小説が願望充足的になるのは仕方がない。幽閉されたサド侯爵をあくなき小説執筆に駆り立て、果てしない快楽追求のその小説をご都合主義的に進行させた力の一半も、同じ欲望だったはずだ。だが、それにしても、料理と食事とセックスの場面ばかりが繰り返し描かれる三千数百枚の小説は、ひどくいたましい。（『華』の末尾は「朝」という文頭になるはずの一文字で途切れている。ここで永山は死刑執行の呼び出しを受けたのだ。）

小説『木橋』は、最後に、「番外編」と題して、後年「N少年」が「檻の中で」書きのこしたという詩を掲げていた。

津軽のリンゴ野に冬がみえると
降る　降る　悲しみが降る
どんどんと　激しく降り　降り
悲しみの根雪となってくる――

我《ワ》ノ十三歳《ジユウサンセエ》ハ　津軽ノ根雪コノナガダベナ
十三歳の童子《ワラシッコ》ダッダジャノ
ナモサ　デキネ　ワラシコダッダジャ

（中略）

ワキャ十三歳《ジュウサンセエ》　ナモデギネガッダジャノ
悲シガッダジャ
切ネガッダジャ

悲しみが降る――
シンシンと音もなく降る　降る
悲しみの根雪が積もりくる
津軽の十三歳は悲しい

省略した部分では、母親が近所の男にすがり、男が家に来ているあいだ映画を観に行かされたこと、消息不明だった父親が岐阜県で行き倒れて死んだという報が入ったこと、母親が男に捨てられたこと、などが津軽弁で歌われている。そうした境遇の叙述をはさんで、降り積もる根雪に託した抒情が結晶している。

この無力にして無垢なる「十三歳の童子《ワラシッコ》」が、永山の一連の自伝小説の中心にある自己像なのだといってかまわない。永山がその小説に「Nは」とか「N少年は」とか書き記すとき、作中に客観視された虚構の像でありながら、いつも、寄る辺ない過去の少年への胸迫る哀憐の情が流れている。
しかし、永山があのまま自伝的小説を書きつづけたと仮定すれば、彼はいやおうなく、第二の「それ」に直面することになっただろう。そのとき彼は、純真なる無辜の自分にではなく、邪悪な意思と化した自己に向き合わねばならなくなっただろう。そしてそのとき、彼の言葉は、「それ」に拮抗しうるだけの内在性の深度を、掛け値なく試されることになっただろう。私はそのときの永山の言葉を読みたかった。
ドストエフスキーは『白痴』(木村浩訳)の末尾近く、ムイシュキン公爵にこんな言葉を語らせている。

何もかもいっさいのことを知る必要があるんです。それが何よりもまず第一のことです! われわれの誰かに罪がある場合、その人についていっさいのことを知る必要があるにもかかわらず、どうしてそれができないんでしょうね!……

これが文学の立場である。犯罪なき社会を構想するのは文学の仕事ではないが、文学の欲望は、犯罪を犯した人間について、「何もかもいっさいのことを」知ろうとするのだ。「外」からの、一般化された概括的理解として認識するのでなく、「内」からの、一般化不可能な固有の事態として、理解するというよりも、体験しようとするものなのだ。たぶんムイシュキンは、「何もかもいっさいのことを知る」ことができれば、人を指差して「罪」とするときの、その「罪」という概念そのものが消えるはずだ、そういいたい。「どうしてそれができないんでしょうね！……」

「内」から、というのは、別に一人称の告白や手記という形式を意味するのではない。現にドストエフスキーは、ラスコーリニコフの一人称で書き溜めていた草稿を破棄して『罪と罰』を三人称で書いた。そのラスコーリニコフの殺人について、小林秀雄は端的に、こういっている。

《殺人は、ラスコオリニコフの「何処でもいゝ、何処かに行くところがなければならぬ」、さういふ場所であった。》

（「『罪と罰』についてⅡ」）

私は小林のこの見解にまったく同意する。永山は、初読のときから、ラスコーリニコフの犯罪の急所は直覚していたのだ。彼はラスコーリニコフを「真似た」わけではない。彼はただ、やってしまった後で、もう一度『罪と罰』を読み直したとき、自分の犯罪がラスコーリニコフの犯罪と同じものだったことに気がついたのである。その同じであることに、「計画性」の有無などまったく関係ない。彼はおそらく、その発見の衝撃の深さにおいて、過度にラスコーリニコフと同一化してしまったのである。そのとき、自分の現実の犯罪がラスコーリニコフの犯罪の反復であるかのように自分自身にあらわれた。私はそう考える。

ラスコーリニコフの犯行は、棺桶のような屋根裏部屋の孤独な想念のなかで芽生えたものだ。永山則夫にもまた、深夜映画館や路上駐車しているトラックの荷台にもぐりこんで、眠れぬままに身を切るような絶望にふるえ、あてどない憎悪を尖らせて歯嚙みした多くの夜があっただろう。だが、注意して読めばわかるが、ラスコーリニコフは自分の部屋に鍵をかける習慣がない。彼の孤独はいつでも世間にさらされている。同様に、彼は自分の内心の秘密にも鍵をかけることを知らないのだ。

小林はそのラスコーリニコフを評して「子供らしさ」といい「恐ろしい様な無私」ともいう。むしろラスコーリニコフは、登場人物の誰に対してよりも、読者に対して「無私」なのだ。読者は、ラスコーリニコフという罪人の「何もかもいっさいのこと」を知ることができる。読者の知りえないことは、ラスコーリニコフにも、そして作者にも、知りえないことだけだ。『罪と罰』はそのように書かれている。そして、百年後の日本の殺人者を過度に同一化させたこの小説の力も、ひとえに、そこに一人の罪人の「何もかもいっさいのこと」が書かれている、というそのことの力にほかならない。


永山の処刑は九七年八月一日に執行された。神戸の「酒鬼薔薇聖斗」事件で少年法「改正」の論調が高まっている時期だったが、それはまた、死刑確定後ずっと永山と社会との間を媒介してきた井戸秋子氏が疲れきって身柄引受人を辞任し、交替に手間取っていたちょうどその空白時をねらったかのようでもあった。

永山処刑の朝、東京拘置所に「絶叫」が響いたという証言がある。「朝、九時前ごろだったか、隣の舎棟から絶叫が聞こえました。」「何かに怒り、あるいは抗議して上げられた大声でした。ちょっと声の調子が高かったというようなものではなく、短い時間でしたが、振り絞った声に聞こえました。」（大道寺将司『死刑確定中』）永山だったろう。

永山は「敵」たる国家によって罰せられることを最後まで肯んじなかった。彼はおそらく、怒り、抗議し、抵抗したのだ。遺体は翌日ただちに焼却され、支援者は遺品とともに遺骨を受け取ることになった。大谷恭子は遺体に暴行の跡があったからではないかと推測している。

永山の死刑執行とその後の処置に関わる不審点は多く、大谷恭子の『死刑事件弁護人』に詳しいが、なかんずく、引き渡された遺品のなかにノート（日記）がなかった。一冊目のノートを支給されて以来、毎日ノートを書きつづってきた永山が、死刑確定後にノートを放棄したとは到底信じられないのだが、拘置所側はノートの存在を否定している。「学習者」永山則夫の後半生そのものだったはずのノートは、こうして永遠に失われた。

「新宿ノート」のこと

「KAWADE夢ムック　文藝別冊　総特集　永山則夫〈増補新版〉」
（二〇一三年八月三十日発行）

先ごろ私は、永山の遺品を管理している市原みちえさんのご厚意で、石川義博鑑定人の手になる「永山則夫　精神鑑定書」を通読する機会をもった。拘置所の永山が手元にずっと置いていたものである。小さな文字で、二段組み一八一ページ、概算すればおよそ二三万字、四百字詰め原稿用紙に換算して五八〇枚近い圧倒的な長文である。司法鑑定書にこんな言い方が許されるなら、渾身の力作である。

石川鑑定を読んでの感想は多々あるが、別な機会にしたい。

ここで書いておきたいのは「新宿ノート」のことである。「新宿ノート」といってもほとんど誰も知らないだろう。私も知らなかった。

それは「永山則夫　精神鑑定書」の一一三ページ、第四章第七節「新宿時代」の記述に出てきた。（一七一ページ、第七章「総括と説明」で再度言及されている。）

犯行後の一九六八年十二月上旬、それまで博打には手を出さなかった永山は初めて沖仲士たちと博打をして大勝し、その金で都立家政駅近くのアパートの一室を借りた。（事実は千葉県での窃盗で入手した金だった、と後に永山は明かしている。）生れて初めて、誰にも煩わされない一人だけの部屋を手に入れたのである。新宿の大衆酒場「スカイコンパ」のボーイとして働き、翌年一月上旬からはモダンジャズ喫茶「ビレッヂバンガード」に勤めた。複数の女友達もできて性関係も結ぶ。しかし、自分の犯行を思い出すと不眠がつのり、気持は苛立ち、食欲がなくなり、体重は落ち、煙草の本数ばかりが増えた。

《則夫は必至の思いで四人の（被害者）ために二十才迄生き、自殺しようと思い、自分の心をノートに書きとめ思い出にしようと考えた。それが「新宿ノート」になって残った。》

「二十才迄生き、自殺しよう」は、いうまでもなく、六八年十月末、京都での犯行後に北海道に渡った際に携行していた『中学・社会科学習小事典』のページ上部の余白部分に書き記した文章を指している。

佐木隆三の『死刑囚　永山則夫』から引用しておく。

《私の故郷（北海道）で消える覚悟で帰ったが、死ねずして函館行きのどん行に乗る。このone week どうして、さまよったか分らない。私は生きる。せめて二十歳のその日まで。最悪の罪を犯しても、残された日々を、せめて、みたされなかった金で生きるときめた。母よ、わたしの兄姉妹よ。許しは乞わぬが私は生きる。寒い北国の最後のと思われる短い秋で、私はそう決めた》

あと半年少々の猶予を自分の生命に与える、という転倒した形で宣言された永山の実質的な「遺書」だった。永山は事あるごとにこの文章を読み返して、その宣言に忠実に生きよう（死のう）としていたらしい。『無知の涙』に始まる拘置所内で書かれた膨大なノートの言葉以前、逮捕前の永山が事件について記した唯一の言葉として我々の前に提出されていた文章である。

しかし、石川氏は、獄中ノート以前に別なノートがあったと記しているのだ。

石川氏の書きぶりと「新宿ノート」という呼び名から推測するに、裁判関係者の間ではほぼ周知のノートだったのだろうと思われる。だが、佐木隆三『死刑囚　永山則夫』を始めとする永山関係書籍のどれにも言及されていた記憶がない。堀川惠子の新著『永山則夫　封印された鑑定記録』は石川鑑定書を読みこんだ上に石川氏の手元に保存されていた百時間余にわたる鑑定面談のカセットテープのすべてを聴いて書かれたもので、石川鑑定書が割愛した諸事実までも記してくれているのだが、そこにも「新宿ノート」への言及はない。

市原さんに問い合わせたところ、それが逮捕時にアパートで押収された大学ノートのことであり、『反—寺山修司論』や公判廷で永山自身が何度か言及していることを教えられた。

たとえば『反—寺山修司論』の五四ページでは、雑誌『兇徒』第二号（七〇年十一月発行）に掲載された鎌田忠良の「永山則夫公判ノート」から「九月二十二日・第十四回公判」の項を引用している。鎌田の記述によると、「犯行当時の心境の一端をみるものとして」検事側が提出した証拠品に「福音館国語辞典」（井口注：福音館書店刊の『中学・社会科学習小事典』の間違い）と「大学ノート」があった。その記述に対して永山自身が、「これが、自首か死（自殺）かするしかなくなっていたことを証明する『新宿ノート』と第二次弁護団が呼んでいるものだ」と注釈している。また、同書二九三ページには、新宿時代の女性たちとの関係に触れて、「それは、警察が公表しなかった同アパートで押収した『新宿ノート』と名付けられている大学ノートに、もうすでに書いていることだ」とある。私はずいぶん以前に『反―寺山修司論』を通読したのだったが、まったく失念していた。

そして、『〝連続射殺魔〟永山則夫』（通称：赤パンフ）第四号には、永山本人による「一九七七年三月十六日更新裁判意見陳述書」が転載されていて、そこにも、「『新宿ノート』と言われている大学ノートを警察がマスコミに隠していたことと合わせ、そのノートの内容を読むと、なぜ明治神宮で逮捕されたのか分ると思います。この事件の前日、『カコ』とこの公園の有料庭園であっていたことも記しておきます。」という記述がある。（「カコ」は永山がこの時期交際していた十六歳の高校生である。永山は彼女に事件のことを打ち明けようと何度も思ったが結局できなかった。）

新宿時代の永山の心境をつづったノートであって、第二次弁護団が命名して情状証拠として重視していたらしいことがわかる。警察が故意に隠していたというのがほんとうなら、なおのこと見てみたい。しかし、市原さんも、このノートの現物は見たことがないそうで、裁判の中でどのように使われたかもわからないという。

さらに市原さんは、永山の最初の弁護人だった助川武夫の論文「永山則夫の死刑判決への疑問」（『中央学院大学総合科学研究所　紀要　第12巻第1号　一九九六年』所収）を紹介してくれた。

永山の死刑確定から五年後に書かれたこの論文で、助川は、第一次弁護団が七一年六月二十四日の最終弁論のために作成しておきながらその直前に突然解任されたために発表することのなかった「弁論要旨」を掲載し、それに補足する形で永山への死刑判決に疑問を呈している。その中に「新宿ノート」への言及があり、ノートの一部が引用されていた。以下、助川論文のままに転載する。(句読点は縦書き用に改めた。)

彼が暮らしていた中野区のアパートで押収された大学ノートがある。表紙には

詩　成年になる前に　永山則夫

と書かれており、中には数編の詩と随筆風の文章が記され、四四年三月六日で終わっている。

その中の一ページを見て頂きたい。

午後の1時、私淋しさに満心してペンを取る。心なく思わずにいられないものだが、私の胸深く穴、空洞がある様に感じる。私の好きな洋煙も今は喉に気持ちよく入っていかない。

さて私は何を書こうと筆をとったのであろうか。三畳の室で一人になって考えてみると、むなしく、無もないのである。sex——性であろうか——女性なのか。いや将来の自分なのだろうか。それも違うようだ。そうである。そうなのだ。公園——明治宮の森であるかも。あそこには私の思い出がある。勿論自分だけの世界。そこに急いで行きたいと足がときめく。まるで幼児がハシャグように、明日のない者のように。近日中に行こう。「中略」私は祭られている方の幸福に?りたい?でも何でもない。ただふん囲気が好きである為である。「中略」恋人達が楽しそう

に話していても一行にかまわない。老夫婦が手を取り合って歩いていてもかまわない。私はそこのムードが好きなのである。

明日にでも行こうか？　私のlover、それは明治神宮

「明治神宮の森への恋」

後書。3月10日、一人　Meiji　へ行く。気分爽快である。

これが現時点で読める「新宿ノート」の唯一の記述である。表紙の「詩　成年になる前に　永山則夫」がもし三段に分けて記されていたとすれば、それは拘置所で貸与されたノートの表紙に「詩／No.1／永山則夫」と三段に記されていたことを思い起こさせる。表紙に「詩」と題しながら随筆風の文章を含むのも獄中ノートと同じである。「明治神宮の森への恋」というタイトルが本文の末尾に記されているのがとりわけ目を引く。詩や散文の末尾に題名を記す獄中ノートのスタイルはすでに「新宿ノート」で確立していたことになる。「満心して」（淋しさで心がいっぱいになるのだから「慢心」ではなく「満心」なのである）「無もない」（なにもない、というぐらいの意味だろう）「様に」「洋煙」「為である」「勿論」などには、早くも独自の造語癖や漢字への偏愛も見て取れる。これも獄中ノートの顕著な特徴だった。また、「lover」「Meiji」といった英語好みは、『中学・社会科学習小事典』の緊張した文章に「この one week」と弛緩した英語を挿入したのと同じく、永山が呼吸していた六〇年代末若者文化の嗜好とも

通じている。

明治神宮の森は、渋谷駅前のフルーツパーラー勤務時から、永山が愛した場所だったのだろう。だからそこには、犯行を犯す以前の「私の思い出がある」。つまり、明治神宮の森を「私のlover」と呼ぶとき、その愛はいまだ無垢だった過去の自分自身への愛とも重なっているはずだ。

社会科学用語で鎧った社会への激しい憎悪の言葉を剝ぎ取れば、永山の心の底には、誰にも愛されることのなかった自分を自分で愛しむナルシシズムとセンチメンタリズムがあった。彼が中学時代から石川啄木の短歌を愛誦したのもその心情に由来するだろう。後年の自伝小説のすべてに通底する抒情の源流でもある。彼の社会思想さえ、その根本のモチーフは、この自己愛を弱者愛として世界大に拡充することだった。

ようやく手に入れた自分だけの部屋で自分だけのノートに向き合うとき、ノートはナルシスの鏡に変じた。彼は鏡に向かってポーズをとるように、不熟な言葉を用いてポーズを作る。造語癖も漢字好みも英語嗜好も、「心なく思わずにいられないものだが」も「さて私は何を書こうと筆をとったのであろうか」も、読者は彼の措辞のあちこちに、少しばかり背伸びして気取ってみせたそのポーズを看取できるだろう。だが、初心の書き手にとって、このポーズこそが表現意識の芽生えにほかならない。観客（読者）は自分自身しかいないのだが。

皮肉にも、逮捕後の永山は以後二十八年間、ただ一人だけの部屋に住み続けることになるのだが、六九年七月二日、その拘置所の舎房で初めて開いたノートに「ノート君」と呼びかけながら書き始めた彼は、「こんなセンチメンタル・ボーイを笑ってくれ……」と結んだのだった。「私のlover」にはその「ノート君」という呼びかけに似た響きがある。

そしてまた、永山の獄中での自己慰撫が罪の意識と死刑の覚悟によって限界づけられていたのと同じく、「新宿ノート」の自己慰撫も「明日のない者のように」という一語に刻まれた死の意識（自殺念慮）によって限界づけられている。助川武夫がノートのこの一節を、「原宿事件」が「半分自首するつもり」の事件だったことの傍証として引いているのは正しい。そもそも「成年になる前に」限って自分に許したノートなのだ。たしかにこれは「自首か死（自殺）かするしかなくなっていたことを証明する」のである。

ところで、助川が引いたこのページには日付がない。だが、三月十日付けの「後書」があるところから推定して、これがノートの最後、三月六日の記事かもしれない。

永山が原宿のビルに窃盗に入って見つかり、明治神宮の森に逃げて自殺しようとして死にきれず、ふらふらとパトカーの前に歩み出て逮捕されるのは一ヵ月後、四月七日の早朝である。

なぜノートは三月六日で終っているのか。なぜその後の一ヵ月、彼は言葉を書かなかったのか。

実は逮捕前に書かれた永山の言葉がもう一つ知られている。佐木隆三が『死刑囚　永山則夫』に書きとめてくれた。

《死ぬる男は言葉を残してよいのか？》

六九年三月十八日発行の『週刊プレイボーイ』の最終ページに記入されていたという。週刊誌がたいてい「発行日」の一週間前に「発売」されることを思えば、ノートを中断して間もなくのことだったろう。永山がノートを放棄したのは、この痛切な自問があったからにちがいない。人を四人殺して自らも「死ぬる男」として、おそらく彼は、これ以上自己慰撫の言葉を書くことを自分に禁じたのである。

なお、佐木隆三は「死ぬ男は」と引用している。しかし、市原さんが現物で確認したところ「死ぬる男は」が正しいという。文語を選んだのは永山の鋭敏な言語感覚だろう。それは死の意識と結んだ倫理的な美意識でもある。死を意識するとき、彼の言葉は一気に張り詰めた。

「新宿ノート」について今書けるのはこれだけである。「死ぬる」しかないと思いつめている若者が、一人の部屋で、他にどんなことを書いていたのか。これまでも永山の言葉の軌跡をたどってきた者として、なんとかしてそれを読みたい。とはいえ、獄中ノートの扉にさえ「殺しの事を忘れる事は出来ないだろう一生涯。しかし、このノートに書く内容は、なるべくそれに触れたくない。」と記した永山である。もしかすると、「それ」に触れまいとする他愛もない「詩と随筆風の文章」が誌面を埋めているだけかもしれないのだが、それでもかまわない。

奇妙なことに、「新宿ノート」は忘れられたノートだった。第二次弁護団が公判で使ったのか使わなかったのかもわからない。そもそも今どこにあるのか所在も確認できていない。しかし、市原さんを中心に「捜索」は進んでいるので、いずれ幻のノートが日の目を見るときも近いと思われる。この文章はその先触れ報告のようなものである。

テキスト・クリティーク「せめて二十歳のその日まで」

「てんでんこ」第3号（二〇一三年九月発行）

永山則夫の連続射殺事件のことを私は長く知らずにいた。事件が起こった一九六八年秋も、六九年四月に逮捕されて大々的に報道された時も、私はほぼ完全に情報を遮断された、というより、むしろ自分の方から社会的関心のいっさいを遮断して、ただ我が身ひとつの始末に困じ果てていたからである。

永山の事件が私にとっての「事件」になったのは、大学に入って合同出版版の『無知の涙』（一九七一年刊）を読んだ時からだった。

まず、彼の獄中ノートのページの写真をあしらったその表紙が「事件」だった。行分け詩らしきものの周囲の余白を「随一随一……」「齷齪齷齪齷齪齷齪齷齪……」「余儀無く余儀無く余儀無く……」といった漢字書き取りがびっしり埋めているのだが、行分け詩の方は判読しずらいほど薄く、漢字練習の方が濃く書かれているので、まるで漢字練習をした空白部に申しわけなさそうにこっそりと詩らしきものが記されているようにすら見えた。加えて、表紙には小さな円の中に不鮮明な幼い顔写真が印刷されていて、小学校のクラス写真の欠席児童扱いのようなその写真が、無辜なるもののいとけなさといった印象を私にもたらしもした。（以後長いこと、私の中の永山則夫はこの幼い顔写真の永山だった。）

そしてとりわけ、その「編集前記」に引用された永山の言葉が「事件」だった。（以下、この文章の引用は太字で記す。）

わたしの故郷で消える覚悟で帰ったが、死ねずして函館行きのドン行に乗る。どうしてさまよったかわからない。わたしは生きる。せめて二十才のその日まで。罪を、最悪の罪を犯しても、せめて残された日々を満たされなかった金で生きると決めた。母よ、わたしの兄弟、兄、姉、妹よ、許しを乞わぬがわたしは生きる。寒い北国の最後を、最後のと思われる短い秋で、わたしはそう決める

京都での第二の犯行後に北海道に渡った際に携行していた『社会科用語字典』（この書名の傍線は井口　以下同じ）の余白に書かれていたというこの言葉から受けた鮮烈な衝撃については、これまで幾度か書いたので繰り返さない。

しかし、それから二十年後、佐木隆三の『死刑囚 永山則夫』（講談社　一九九四年刊）を読んで戸惑った。引用された文章が微妙に異なっていたからである。

私の故郷（北海道）で消える覚悟で帰ったが、死ねずして函館行きのどん行に乗る。この o n e

weekどうして、さまよったか分らない。私は生きる。せめて二十歳のその日まで。最悪の罪を犯しても、残された日々を、せめて、みたされなかった金で生きるときめた。母よ、私の兄姉妹よ。許しは乞わぬが私は生きる。寒い北国の最後のと思われる短い秋で、私はそう決めた

文字遣いを含めて細部に合同出版版と相違が多い。とりわけ「この one week」という弛緩した英語の挿入を私の文章感覚は許せない。パセティックなリズムを刻んでいた「罪を、最悪の罪を犯しても」や「最後を、最後のと思われる」の反復もこちらにはない。

しかし、佐木の著書は裁判資料を読みこんだ詳細なもので、この文章についても、携行していた『中学・社会科学習小事典』(福音館書店刊)の地理編・歴史編の十六ページにわたって上の空欄に一行ずつ横書きで記入されていた、とまで記している。おそらく佐木の引用の方が正確なのだろうと思うしかない。

そのつもりで読みなおせば、「one week」は新宿のモダンジャズ喫茶でボーイをしながら、ゴーゴーを踊ったり赤い靴を履いて新宿を闊歩したりしていた十九歳の永山が、まぎれもなく六〇年代末の若者文化を呼吸していたことを示しているようだ。以後、私は「one week」をしぶしぶ許容し、不承不承ながらも佐木の引用にしたがうことにした。

ところが、昨年(二〇一二年)十月に放送されたテレビドキュメンタリー番組「ETV特集　永山則夫　100時間の告白～封印された精神鑑定の真実～」を制作した堀川恵子の近著『永山則夫　封印された精神鑑定』（岩波書店　二〇一三年刊）は、また異なる引用をしていた。

私の故郷（北海道）で消える覚後《ママ》で帰ったが、死ねずして函館行きのどん行に乗る
この one week どうしてさまよったかわからない
わたしは生きる
せめて二〇歳のその日まで
罪を、最悪の罪を犯しても、せめて残された日々を満たされなかった金で生きると決めた
母よ、わたしの兄弟、兄、姉、妹よ、許しを乞わぬがわたしは生きる
寒い北国の最後を
最後のと思われる短い秋で
わたしはそう決める

「one week」の縦書き横書きは問う必要はない（原文は横書きである）としても、文字遣いを含めて細部の違いが幾つかあり、しかも、「罪を、最悪の罪を犯しても」「最後を／最後のと思われる」の反復が復活しているではないか。そのうえ、堀川は本の書名を『社会科学学習辞典』と記している。

堀川は石川義博医師の大部な『永山則夫　精神鑑定書』を通読し、石川氏の手元に保管されていた精神鑑定時の録音カセットテープ四十九本、延べ百時間以上の対話をすべて聴いてこの本を書いたのである。

堀川はおそらく合同出版版も佐木隆三版も承知で異なる引用をしているのだろう。では、私は堀川の引用を信じるべきなのか。それにしても、十六ページに分けて書かれていたはずの文章を堀川が九行に分けて引用しているのはどういう根拠によるのか。

こんなことにこだわっているのは私だけかもしれない。だが、思いつめた永山が実質的な遺書として（もう半年余の余命を自分に与えるという転倒した遺書として）書いたこの文章に対する、永山に深く関わろうとしたはずの人々による、原典に当たったかのごとく記述しながらこの恣意的でずさんな引用ぶりが、私にはなにより奇妙で不審なのだ。

「作家の誕生――永山則夫論」（『悪文の初志』所収）で書いたことだが、永山則夫は、戦略としての虚構を主張した先駆的ポストモダニスト・寺山修司に対して、「**デマに勝つのは事実しかないとするのが貧しい者のやり方だ**」と反駁した男である。獄中で彼が書いた文章には、訂正個所があれば必ずその上欄に「削一字」とか「加二字」とか厳密に記入されていたのだった。そして、拒絶された文芸家協会入会申請も刑死後の著作権保護が主要動機だったのである。文筆家にとって、「本文」こそまっさきに確認・尊重されるべき「事実」なのではないか。

永山の遺品を管理している市原みちえさんに問い合わせたら、永山逮捕時の家宅捜索押収品の報告書（「被疑者永山則夫の居宅に対する捜索差押実施状況報告書」）のコピーを見せてもらえた。捜索を担当した警視庁の警察官が記録したものである。そこには写真も付いている。

永山が文章を記入した本の現物は市原さんの手元にもないのだそうだ。これまでの引用者たちの引用の元資料は、私がいただいたと同じ報告書のコピーだったはずである。

まず、まちまちだった書名が確認できた。『中学　社会科学習小事典』が正しい書名。（背文字は「中学」と「社会科」の間に一字分のスペースが入っている。奥付の写真はない。）

佐木隆三のいうとおり上部の余白に十六ページにわたって横書きで記入されている文章も、ページごとに写真付きで筆写されている。東京及び京都の犯行を犯した後の心境を記したと認められる手記なので重要な証拠物件として記録されたのである。

以下、記録者の筆写したとおりに書き写す。

私の故郷で（北海道）で、
消える覚?（後）で（帰）たが、
死ねずして函館行のどん
行に乗るこの one week
どうして、さまよったのか分ら
ない。
私は生きるせめて二十歳
のその日まで、罪を最悪

の罪を犯しても、残された。
日々を、せめて、みたされ
なかった金で生きるときめた。
母よ、私の兄姉妹とよ
許しは問わぬが私は生
きる。寒い北国の最後
のと思われる短かい秋で
私はそう決めた。

堀川惠子によれば、故郷・網走に行くつもりで自転車で長万部に出た永山が函館に戻ろうとして乗り込んだ汽車の車中で書いたものだという。なるほど汽車に揺られながらの走り書きなのだ、という実感もわく。

注釈しておく。

一行目の「で」は衍字。（北海道）という補記は、自分の故郷は青森県板柳町ではない、あくまで出生の地・網走なのだ（網走には幼い彼に唯一の安息を与えてくれた姉・セツがいる）、という思いの付記だろう。「覚（後）」の（後）は漢字が正しいかどうか自信がなかったらしい。脇（横書きなので現物では下）の「?」も永山自身が記したもの。（帰）はなぜ丸かっこに入れたかよくわからない。

私が見ているのはコピーなので、添付写真も不鮮明だが、この丸かっこは（北海道）や（後）の丸かっこに比べると記入の仕方も薄く、後で挿入したように見える。「せめで二十歳」の「で」は原文にたしかに濁点がある。「二十才」でも「二〇歳」でもなく「二十歳」。「残された。」も原文に句点が付いている。「金」の脇（下）の波線も永山が記している。「兄弟」という呼びかけはない（永山に弟はいない）。「兄姉妹とよ」の「と」は「いもうと」の「と」だろう。つまり、「あに・あね・いもうとよ」と読むのだと思う。永山自身は「許しは問わぬが」と書いている。「短い」ではなく「短かい」。

もちろんこの行分けは上部余白のスペースに制約されての行分けだし、明らかな誤字もあるのでこのまま引用する必要はない。だが、これ以後、引用される方はこれを参考にしていただきたいと思う。

なお、もう一つ付け加えておく。

従来、永山が逮捕前に犯行後の心境を記した文章として我々の前に公開されていたのはこの文章だけだったが、佐木隆三は、押収品中に六九年三月十八日発行の「週刊プレイボーイ」があり、その最終ページに本人が記入したと見られる文字があった、として、以下のように引用している。

死ぬ男は言葉を残してよいのか？

だが、遺憾ながらこの引用も間違っている。この「週刊プレイボーイ」も保管されている遺品中にはないので、佐木はやはり現物ではなくこの報告書を参照したはずである。

警察官の筆写は正しくは次の通り。

死ぬる男は言葉を残してよいのか？

「死ぬる」は文語である。永山は敢えて、口語の「死ぬ」ではなく文語の「死ぬる」を選択したのだ。この文章美学の背後には、永山の死の美学のようなものさえうかがえるだろう。（三島由紀夫が辞世の歌を残して文語的で美学的な死を実演してみせるのは翌年の秋のことだ。）

これもまた、逮捕前の永山が記し残した重要な言葉である。どう重要であるかについては、まもなく河出書房新社から増補して再発売される予定の「文藝別冊　完全特集永山則夫」の拙文「『新宿ノート』のこと」を読んでいただけるとありがたい。（これまでほとんど知られていなかったが、逮捕前の永山は新宿のアパートでノートに詩やエッセイを書いていたのだった。）

解説／あとがき

解説

永山則夫の「異物としての言葉」と「事実」を宥《なだ》めること

井口時男『永山則夫の罪と罰――せめて二十歳のその日まで』に寄せて

鈴木比佐雄

1

井口時男さんが三十年もの間に書き続けていた永山則夫に関する論考をまとめられた。井口さんは三十歳の頃に「群像新人文学賞評論部門」を受賞しており文芸批評の文体には、決してぶれることのない「冷静さ」や徹底した「初志」があり、作家の深層である「情動の渦巻く貯水池」(『悪文の「運命」――中上健次論』より）に肉薄していく熱量の高さを感じさせている。しかしそんな作家論の中で「冷静さ」が揺らぐ例外として永山則夫論があることを記している。一九九三年に刊行された『悪文の初志』のあとがきで次のように語っている。

「作家の誕生」を書いた後、編集者のA氏にお願いして何度か永山氏に面会する機会をもった。面会のたびに永山氏は朗らかで率直だったが、私はいつも口ごもりがちだった。そういう私の感傷性はこのエッセイにも滲んでいる。だが、私はこの感傷を恥じない。

永山氏からは何通かの通信ももらった。書簡においても口ごもりがちな私はよき通信相手とはいえなかったろうが、永山氏からの通信はいつもこう始まっていた。

こんにちは！

その後お元気ですか。がんばっておりますか。

私は氏によって、人間の根本的な〝元気〟というものを教えられたと思っている。永山氏の文芸家協会入会問題が起きたのはこのエッセイの二年後のことだった。もちろんジャーナリズムの空騒ぎなぞはすぐに終るのである。大事なのは世の中の「必要」（坂口安吾）ではない。自分一個の「必要」に賭けて持続することだけだ。人が文学ないし文学研究という言葉いじりに専念できるのは、人が言葉以外の諸条件によって護《まも》られているからである。だから我々はくりかえし自分自身に問うべきである。「お前は何によって護られていたのか」と。

井口さんの「私はこの感傷を恥じない」という自己の「冷静さ」の揺らぎを直視した言葉を読み、私は井口さんの文芸批評において作家の深層に迫る際に自己の深層を対峙させようとする誠実さを感じた。なぜ井口さんは永山則夫にだけは「感傷性」に捉われるのか。そこで大事なことは〈自分一個の「必要」に賭けて持続することだけだ〉と語っている、永山則夫から差し出された「感傷性」には、大事なことが孕まれていて、井口さんにとって生を支える極限の「元気」を与え続けられているからだろうか。そのことは四、五歳上の世代の永山則夫という存在が、「護るべき」存在であった父母や兄姉から虐待を受け無視をされ何度も捨てられ、集団就職した職場からも出自の発覚を恐れて孤立し、「護るべき」ものが何もなかった環境であったことへの痛切な疼きがあるのではないか。そのような劣悪な環境から「連続射殺魔」となった永山則夫が、獄中で独学で言葉を獲得して、ついには読む者に感動を与える「元気」を宿す言葉をいかにして生み出しえたのか。そんな言葉の誕生の秘密に分け入っていく姿勢に、同世代の私は井口さんの感受性の誠実さや思考の徹底さを感じ取ることができる。

2

本書『永山則夫の罪と罰 ――せめて二十歳のその日まで』は冒頭の俳句十句から始まる。その俳句は井口さんが永山の出生地である網走を訪ねて詠んだ七句と、永山則夫が拳銃を盗んだ横須賀の米軍宿舎や明治神宮の森を詠んだ三句だ。

十句の中の三句目に〈網走港の帽子岩は永山則夫の「最初の記憶」だった。〉という添え書きがあり次の句がある。

〈網膜を灼《や》く帽子岩陰画《ネガ》の夏〉

この句の「帽子岩」の光景とは、四男四女の家族で十八歳近くも年の離れていた長女セツが母替わりのように則夫の面倒を見ていて、そのセツ姉と帽子岩のあたりで遊んだ記憶のことを指している。父母や兄姉たちから疎まれた則夫にとって唯一の心温まる記憶が、後に精神を病み病院に隔離されてしまうセツ姉と戯れた光景だったのだ。井口さんはその場所に佇み永山則夫の見た「最初の光景」を思いやり、俳句に記したのだ。そして次のようにも呟くのだ。

〈はまなすにささやいてみる「ひ・と・ご・ろ・し」〉

永山則夫の殺人行為は決して許されることではないが、北の果ての網走の海岸に咲く浜茄子になぜか「ひ・と・ご・ろ・し」と呟き、どうしてそうなったのかを知らせてくれと迫っているかのようだ。その遠因となった網走橋で捨てられた記憶の意味を問いに行きながら、井口さんは浜茄子に囁くことで、永山則夫との根源的な対話を試みているかのようだ。

〈夏逝くや呼人《よびと》といふ名の無人駅〉

この句には〈永山則夫の出生地は「網走市呼人番外地」だった。〉と添え書きがされている。永山則夫は「金の卵」と言われて集団就職をし、人間関係が築けずに転職を繰り返して、本籍地を提出することを求められた時に、「網走市呼人番外地」を出すことをためらい職場から逃げて行った。その頃一世を風靡していた高倉健主演のヤクザ映画『網走番外地』のイメージは、庇護者のいない貧しく無防備な少年に拷問のような絶望を植え付けていたと井口さんは暗示している。また母が四人の子を置き去りにした結果、兄と姉たちは則夫が邪魔になり、雪道を歩かされて厳冬の網走橋に捨てられた時のことを想起させているのだろう。

「永山は横須賀の米軍宿舎に盗みに入って拳銃を入手した。」という添え書きのある次の横須賀の二句目を読むたびに、だんだん永山則夫の深層に集まってくる憎しみが破裂しそうな思いがしてくる。

〈軍港霖雨白痴の娘の乳房かなしき〉

井口さんの語る「白痴の娘」とは、実際に軍港の近くでそのような娘を見たのかも知れないが、婚約が破棄されたり宿した子を死産したり、父から金を奪われたりして精神を病んだセツ姉を指しているかのように思える。また永山則夫と同じように集団就職して都会にもまれて苦悩している娘たちを「乳房かなしき」と記したのかも知れない。

最後の俳句は「明治神宮の森は永山の好きな場所だった。」と添え書きし次のように記されている。

〈落ち葉踏んで錆びた殺意を埋め戻す〉

井口さんは永山則夫が四人を殺した後に、銃を埋めた行為を「錆びた殺意を埋め戻す」と表現する。永山則夫の言語行為から「殺意」をいかに地に埋め戻すことができ、永山則夫の残した言葉からどのように他者へ「元気」を伝える言葉に転換させ得るのか、その可能性を井口さんは「感傷性」を通して読み取ろうとしているのだろう。

エッセイ「板柳訪問」は、小説『木橋』に収録されている本人の手書きの地図を頼りに〈永山則夫が六歳から十五歳まで、十年間暮らした「マーケット長屋」〉を訪ねて、岩木山やリンゴ畑や今はコンクリート橋になっている「幡龍橋」を訪ねて「木橋」の頃の十三歳の永山則夫を思いやっている。このエッセイと先に触れた十句は、文芸評論家の井口さんにとって今までになかった魅力を感じさせてくれた。

3

その後に続く書評、エッセイ、論考の中から、井口さんが永山則夫の言葉の特徴を語ったところを引用し、永山則夫の言葉が獲得していった広がりやその言葉が私たちに突き付けてきた問題点を井口さんがどのように辿って解釈してきたかを探ってみたい。
初めに井口さんは初めて永山則夫を論じた『木橋』の書評で次のように小説の言葉を論じている。

環境も言葉も、ほんとうは異物なのだ。それは、自己というものがそもそも自分にとっての異物として生まれるものだからである。「N少年」を押しつぶしたすさまじい貧困も、「金の卵」と呼ばれた集団就職少年たちの物語も、いまでは遠い昔のことのようになってしまったが、ひとが異物としての環境と出会い、異物としての言葉と出会い、異物としての自己と出会い、そしてそれぞれに和解していくドラマ自体に終わりはあるまい。その無意識なドラマの中で、ふと眼覚めてしまった人々にとって、永山則夫の言葉たちはいつまでも貴重な証言でありつづけるはずである。

（永山則夫著『木橋』書評より）

井口さんは永山則夫の「想像を絶した『不幸』」から吐き出された「異物としての言葉」は、「貴重な証言でありつづけるはずである」と指摘する。この「異物としての言葉」や「異物としての環境」という捉え方は、永山則夫という存在を知る上で理解しやすい。和をもって貴しとする日本の共同体の暗黙の掟のような中で、踏みつけられても異物として立ち上がってくる言葉に、井口さんは永山則夫の言葉の存在論的差異を直観しているかのようだ。その「永山の言葉たち」の孤立無援さを井口さんは近現代の小説世界の稀有な異端児と位置付けて、その傍らに立ち続けてきたのだろう。

次に一九八八年に発表された「作家の誕生──永山則夫論」は、本書の論考の中でも最も重要なものであるだけでなく、永山則夫を論ずる際に同時代を生きた批評家はこの論考を踏まえなければならないだろう。義務教育時代日常的に兄からリンチされ同級生や教師に不信感を抱き不登校を繰り返し授業に関心を持てなかった永山則夫が、『社会科用語字典』などを引き、数多くの読書を続けて、それらの知らない漢字の言葉を身体に刻むように書き写しながら、獄中ノートから『無知の涙』を生み出していった過程を井口さんは丁寧に辿っていく。そして「『無知の涙』の永山則夫は谷崎的な文章の王国、言葉のエロス的共同体の対極にいる。」とその特異性を浮き彫りにする。同じ青森県出身の寺山修司がエッセイ「永山則夫の犯罪」で「被害者意識から自由になれ」、「ロゴスの専制支配を放棄して自分自身のエロスを回復せよ」などの〈「虚構」という戦略〉で永山則夫を批判したことに対して、永山則夫は「この尊大な『戦略』様よな！　デマに勝つのは事実しかないとするのが貧しい者のやり方だ」と反論をし『反─寺山修司論』なども書き上げて本にまとめた。そのような中で永山則夫は膨大な書物を読破して独自の思索を続けマルクス主義に至りつく。けれども永山則夫にとって「事実」を思想化していくことは「事実」を物語化することであり、実は永山則夫はそれを生きようとしていたと井口さんは辿っていく。この論考の最後の方の部分を引用したい。

「永山則夫の〝捨て子〟体験も〝連続射殺〟も、「事実」である。「事実」は言葉を萎えさせる。というより、言葉が無力に座礁してしまう場所を指して「事実」と呼ぶ。しかしまた、言葉という被覆をかけることによって、つまりは「物語」化することによってしか、ひとは「事実」と宥和できない。永山は「事実」を宥めるために「マルクス主義」という「物語」を必要とした。〝小松川女高生殺し〟の李珍宇（永山は獄中で李珍宇の往復書簡集『罪と死と愛と』を読んでいる）も、逮捕から処刑までの短い期間、〝民族〟という「物語」にすがることで（そこには獄外の「姉さん」という〝母性〟もいた）、犯罪という「事実」との宥和を試みたようである。永山も同じことだ。だが、小説を書くという作業は、「物語」の被覆を一枚一枚引き剝がして、「事実」を剝き出すことを強いてしまう。

（略）

永山が『捨て子ごっこ』という虚構に託して表現したのは、言葉が異物に変じる光景、あるいは、心が言葉に見捨てられる光景だった。それは、言葉とは何か、と問うときの、忘れてはならない光景である。そもそも誰にとっても、言葉は外から到来し、心をこじ開け、侵入し、烙けるような痕跡を刻みつけたのではなかったか。そうやって言葉は、まどろむ心を無理矢理覚醒させ、いやおうなく改造したのではなかったか。永山則夫が思い出させるのは、私たちがひそかに、知らぬ間に通り過ぎた、そんな暴力に貫かれた起源の出来事の記憶なのではなかろうか。かつて、言葉という暴力との出会いのドラマを、激烈に、しかし無自覚に、拡大してみせた永山は、いま、言葉によって引き裂かれた内部のひびわれを覗きこみながら、私たちの文学史に、未見の場面を刻み付けようとしているようだ。

井口さんは「永山は、いま、言葉によって引き裂かれた内部のひびわれを覗きこみながら、私たちの文学史に、未見の場面を刻み付けようとしているようだ。」と語る。永山則夫の言葉を突き詰めた果てに、永山則夫の小説の言葉が「内部のひびわれを覗きこみながら」、〈「事実」を宥《なだ》める〉ことの意味を文学的な可能性として語っている。その意味で永山則夫の「異物としての言葉」はいつしか〈「事実」を宥める〉言葉へと変貌し壮大な物語を生み出しつつあったのだろう。そのために〈「事実」を宥める〉可能性をさらに小説で展開して欲しいと井口さんは獄中の永山則夫に語ったそうだ。けれども処刑によって一人の獄中作家は永遠にいなくなった。その虚しさを誰よりも井口さんは感じ続けていて、処刑から二十周年に合わせてこの書をまとめたのだろう。

また永山則夫がドストエフスキーの『罪と罰』と『カラマーゾフの兄弟』から受けた影響については、「永山則夫と小説の力――『連続射殺魔』事件」で論じられているが、まだその検証は今後も続けていかれるだろう。

4

最後に私と永山則夫との交流を記しておきたい。私は三十数年前から千葉県柏市に住んでおり、毎朝の常磐線の通勤電車から北千住駅の手前の荒川を渡る少し前の左側に東京拘置所の一部が見えてくる。そこに暮らしていた『無知の涙』や『木橋』を書いた永山則夫のことを今も時々想起させられる。一九八七年秋に私は思い切って第二詩集『常夜灯のブランコ』を永山則夫に手紙を添えて贈った。するとすぐに「こんにちは！　その後お元気ですか。がんばっておりますか。」で始まる返礼の葉書がやってきた。私が手紙を書くとすぐにまた葉書が届いた。便りが届くとその日のうちに返礼を書く今日を生き切る日常を送っていることが理解できた。その年の暮れに私は個人詩誌「コールサック」（石炭袋）を創刊した。それを送るとしばらくして詩が十数篇届いた。「コールサック」二号で永山則夫特集を組んだ。私は永山則夫から戦後詩の歴史や代表的な詩人たちを尋ねられて、「荒地」や「列島」の詩人たちの詩集を送ったり、その詩人たちの紹介などもしたりした。「コールサック」や読ませたい詩集なども送った。私は井口さんと同様に永山則夫から「元気」をもらっていたのだ。その後も私信のやり取りが続き、ある時に永山則夫の詩の批評を私がしたことがあり、永山則夫から「たがいの信ずる道を行こう」という意味の葉書が届いて私信のやりとりはなくなった。

それからしばらくして一九九〇年に死刑が確定し、同年私が刊行した第四詩集『火の記憶』を送ると東京拘置所の行政文書が添付されて詩集と私信が戻ってきてショックを受けた。けれども身柄引受人の井戸秋子さん経由で永山則夫から通信は届いてその最新の言葉を読むことができた。一九九七年に永山則夫が処刑されたことは胸が痛み、永山則夫が印税を被害者遺族に送ったことや獄中での執筆活動への評価や彼なりの罪の背負い方がもう少し考慮されてもいいのではないかと今も思っている。

死刑を覚悟し『無知の涙』を書く上で永山則夫はプラトンやカントやキルケゴール、マルクス、エンゲルス、サルトルなど五十冊もの哲学書を二十歳で読んだ。『無知の涙』は多くの詩も入っているが、その中心は七十編の連作エッセイ「死する者より」だ。この題はキルケゴールの『死に至る病』から触発されたことを記している。当時の永山則夫は多元的な価値を持つ思想哲学を吸収できる柔軟な頭脳をもっていた。そのような人物に私は会いに行こうと願ったが先延ばしにしていてその機会は失われてしまった。

そのような経緯があり、井口さんから永山則夫論の話があった時に、私は永山則夫の目に見えない縁を感じた。井口さんは永山則夫の言葉とその存在を三十年間も考え続けてきた。そのような論考をまず私が読みたかったし、それを後世の人たちに伝えたいと願ったからだ。永山則夫の言葉を語り継ぐ上で本書が重要な役割を果たすことを確信している。

最後に本書カバーの永山則夫の写真は、井口さんの要望でもあり『無知の涙』(合同出版)のカバーで使用された小学校一年生頃の顔写真を使わせて頂いた。そのことで永山則夫の著作物や画像を管理している「永山子ども基金」代表の大谷恭子弁護士と、そのスタッフでもあり永山の遺品を展示している「いのちのギャラリー」運営者の市原みちえさんには、大変お世話になった。市原さんは刑の執行四日前の七月二十八日に永山則夫に会い、遺言となった言葉を直接聞いた最後の面会者である。お二人のような方がおられることによって永山則夫の精神は後世の人びとに引き継がれていくだろう。

カバー写真とほぼ同じ頃に撮られた小学校入学時の集合写真が存在する。最前列の椅子に坐った永山則夫の膝小僧は破れたままで、それを隠すために膝の上に置かれた左手は伸びてその破れを隠していたという。装幀家の赤瀬川原平は、『動揺記Ⅰ』（辺境社）の挿画イラストでその手をしっかりと描いている。その赤瀬川原平のイラストを見て永山則夫は当時の悲しみを察してくれた赤瀬川原平を良き理解者だと感激したそうだ。

大谷恭子弁護士は『ある遺言のゆくえ　死刑囚永山則夫がのこしたもの』（永山子ども基金編）の中で、〈一九九七年八月一日、永山則夫は死刑に処せられる直前、「本の印税を日本と世界の貧しい子どもたちへ、特にペルーの貧しい子どもたちのために使って欲しい」と遺言を遺した。〉と記している。その遺志を実現するために設立された「永山子ども基金」は、遠藤誠弁護士亡きあとも大谷恭子弁護士や市原さんを始めとする多くの人びとによって今も持続し運営されている。そんな子どもたちの幸福と自立を願う志の中で、永山則夫はこれからも生き続けるに違いない。

あとがき――永山則夫と私

私は一九八三年に中上健次論で文芸批評家として「デビュー」したのだが、永山より四歳年長だった中上は、まだ無名の文学青年時代、「永山則夫という犯罪者は無数の永山則夫のうちの一人なのだ」（「犯罪者永山則夫からの報告」）と書いていた。この文章には一九六九年五月二十日の日付がある。四月七日に十九歳の「連続射殺魔」が逮捕されてからまだ一月半のことだ。

一方、当時十六歳だった私はいまだ文学を知らず、自分一人の幼い苦悩の中に閉じこもっていたので前年秋の「連続射殺魔事件」も知らず、この年春の永山逮捕も知らなかった。

私が自分もまた「無数の永山則夫のうちの一人」だったのかもしれないという自覚を持つのは、大学に入って合同出版版の『無知の涙』を読んだ時点である。その装幀に使われた小学校時代と思われる小さな円形枠の顔写真と獄中ノートを埋める漢字練習と、「編集前記」に引用された「転倒した遺書」と私が呼ぶあの走り書きの「わたしは生きる。せめて二十才《ママ》のその日まで。」というフレーズが、私の「事件」となった。

「デビュー」翌年の一九八四年、依頼されて単行本『木橋』の書評を書いたのが、永山について書いた最初である。以来今年で三十三年、本書に収録した文章は文芸批評家としての私の仕事のほぼ全期間にわたっている。

その三年後の一九八七年夏、小説「捨て子ごっこ」を読んだとき、これで「文芸評論」としての永山則夫論が書ける、と思った。私は前年に坂口安吾の「文学のふるさと」を文学原論として論じた「物語が壊れるとき」(「群像」一九八六年十一月号『物語論/破局論』所収)を書いていたが、永山は文字どおりに「文学のふるさと」を生きた少年として、いまその自覚と表現に到達したのだ、と思ったのである。

坂口安吾は「文学のふるさと」で、シャルル・ペローの童話「赤頭巾」の無邪気な少女が狼にムシャムシャ食われて終わる結末について、「プツンとちょん切られたむなしい余白に、非常に静かな、しかも透明な、ひとつの切ない『ふるさと』を見ないでしょうか」と書き、それはまた「生存それ自体が孕んでいる絶対の孤独」の感触なのだ、とも書いていた。

それはたしかに人間の生存の根底に隠された不条理の光景だが、同時にまた、思春期と呼ばれもする弱年の時期に、それまで世界との無自覚な一体感を生きていた幼い「私」の内側から、第二の、異貌の「私」が誕生するときの「起源の光景」でもあるはずだった。「私」はその時、世界から「プツンとちょん切られ」て否定され、しかしその否定を世界に向けて投げ返して世界を否定し、さらに世界と融即していた幼い「私」をも否定することで、あらためて「私」として誕生するのである。その意味で、永山の小説には、安吾のいう「文学のふるさと」があり、ただ「ふるさと」だけがあった。

八七年の秋も深まったころ(だったと思う)、いよいよ永山について「作家論」(「作家の誕生」)を書き出そうとしていた私は、当時雑誌「文藝」の編集者として永山を担当していた阿部晴政氏に頼んで、東京拘置所への面会に同行させてもらった。わざわざ「作家」に会いに行くなどということは初めてのことだった。

七〇年代に永山を支援していた「左翼」系の人たちはみんな去ってしまって、いま永山を支援しているのは少数の「死刑廃止」運動の人たちばかりだ、と阿部氏から聞いた。「左翼」でも「死刑廃止」論者でもない私が、永山則夫にだけは会っておかなければならない、などと思ったのは私自身の「感傷」みたいなものだったろう。たしかに、私には永山に対する「感傷」めいた思いがあって、それは本書に収めたいくつかの文章の端々に滲んでいるはずだ。

長い拘置所暮らしで小太りになった永山は短い面会時間を通じて終始上機嫌で饒舌だった。だが、「偉大な革命思想家である自分を死刑にしたら中国が黙っていない」とか「日本赤軍が自分を奪回に来る」とかいう「誇大妄想」を聞くのは、外界から隔離された結果の一種の拘禁症だろうと察しながらもつらかった。私はずっと口ごもりがちだった。

幼少時から世界に居場所のなかった永山は、獄中での学習成果『無知の涙』の公表によって初めて社会から存在を「認知=承認」されたのだった。その永山が、自分が存在することの意味を学習成果としての革命思想に託すに至ったのは、永山則夫の内的必然性としては理解できるものの、そのこと自体が私にはいたましい錯誤としか思えなかったのだ。後日、「ヘーゲル『大論理学』ノート」の厖大なコピーなども送られてきたが、きちんと目を通す気にはなれなかった。

短い通信を交わしたりしているうちに、一九九〇年一月、「文芸家協会入会申請問題」が起こり、五月八日には永山則夫の死刑が確定し、まもなく私は文芸家協会を退会した。さらに半年後、私が永山が学んだと同じ「トーコー大」の教員になったのは、私と永山とのアイロニカルにねじれた「縁」というものだろう。（獄中独学によって「無知」を克服した永山は永山流の言葉遊びで東京拘置所を大学に見立てて「トーコー大（東拘大＝東京拘置所大学）」と呼んでいた。私が勤めた「トーコー大」は「東工大＝東京工業大学」の方である。）

それから七年、一九九七年八月一日、永山則夫処刑の報が入った。いつか来ることと覚悟していたつもりだったが、さすがに胸に応えた。

人の生の軌跡には、どうしても「宿命」としか言いようのない様相がある。永山の生の軌跡にも、丹念にたどれば、このようにしか生きられなかった彼の「宿命」が見えてくるだろう。「貧しい」人間は生の選択可能性においても「貧しい」のであって、貧困というものの人生論的な意味での恐ろしさはそこにある。ましてや永山は視野も狭い「無知」な少年だった。

この観点を徹底するとき、「自由意志」などというものは虚構の観念でしかないのではないか、とさえ思われてくる。人はただ、自分でもわからない無数の錯綜した諸原因に強いられて行動しているだけではないのか。だが、たとえ虚構の観念であっても、自由な意志を仮定しない限り、人間の尊厳は保てない。そして、自由な意志が判断し選択した行為の結果に対しては、人は責任を負わなければならない。

永山の四件の犯行のうち、最初の二件は偶発的なものだが、あとの二件のタクシー運転手射殺は強盗目的の意図的な犯行である。彼はもう取り返しがつかないという絶望の中で、「せめて二十歳のその日まで、罪を最悪の罪を犯しても」生きると決意したのだったから。

「せめて二十歳のその日まで」生きるという永山の決意は二十歳になったら死ぬという決意でもあった。そもそも、十七歳での一回目の横須賀米海軍基地への侵入の時から、永山の犯行の裏には、いつもぴったりと自殺念慮が貼り付いていた。

逮捕された時もそうだった。一九六九年四月七日の夜明け前、盗みに入った原宿のビルで見つかって逃げた永山は、明治公園の森の柵の内側にたどりついた。以下、石川義博氏が作成した「永山則夫精神鑑定書」の記述をそのまま引用する。（永山は石川氏には心を開いて語っている。そして、この証言が嘘でないことは、リアリティーに富むいくつもの細部が保証している。）

《数分後はずんだ息が平静になってから則夫は、「死のう。」と自分に言い聞かせるように声に出して言った。弾丸をつめ、弾倉をまわし、ピストルの銃口を自分の側頭部に当てて、三回引き金をひいた。しかし、弾はすべてしけていて発射しなかった。汗びっしょりになり、すごく緊張していて、引金を持つ手に力が入り、ひきつれる位硬直していた。片方の手で引金にかかった指を一本一本引き離さなければならない程であった。どうしても死ねないと分かった時、則夫は完全に虚脱状態に陥った。極度の疲労困憊状態から芝生の上でうとうとしてしまった。パトカーのサイレンの音を聞きながら「囲まれているな。」と思ったが「もうこれでいいんだ。」とあきらめ切っていた。》

そして午前五時半、明治神宮の北参道で自分からふらふらとパトカーの方へ歩み寄って行って逮捕されるのである。

このとき、自殺しようとする永山の自由な意志は何ものかによって阻まれたのだ。自由意志とはいったい何か。(付け加えておけば、逮捕後の一カ月少々の間にも永山は二度自殺を図っている。二度とも縊死の試みだったが二度とも係官らに発見されて未遂に終わった。)

だが、一方で、永山自身、遺伝的精神障害の可能性や脳波異常を強調する弁護方針や精神鑑定を、自分に有利であるにもかかわらず批判して、弁護団を解任したりしたのである。彼は彼自身の尊厳に賭けて行為主体としての自由な意志を守ろうとしたのだ。むろんそれは、自分の犯行を階級社会に対する(対象を間違えた)反逆行為として、彼自身の(事後的に構成した)論理によって意味づけるためだったのだが。

永山処刑の朝、東京拘置所に絶叫が響いたという。それは悲鳴ではなく、国家による処刑を肯んじなかった彼の抗議の声であったろう。永山は最後まで、闘う主体としての自己を貫いて処刑されたのである。

冒頭で引用したエッセイ「犯罪者永山則夫からの報告」で、中上健次は「なぜぼくは無数の永山則夫の一人でありながら、唯一者永山則夫でなかったのか」という問いを発していた。それはまた、本書の文章を書きながらつねに私自身の念頭にあった問いでもある。

人はみな、各自の条件の中に生れ、各自の条件の中で生き、各自の条件の中で死ぬしかない。「少年」永山則夫を「唯一者」たらしめていた諸条件はきわめて苛酷なものだった。永山の事件から半世紀近く経過したが、歪んだ諸条件が作り出す「少年殺人者」たちはこれからも跡を絶つまい。だから人は、彼らを指弾する前に、いや、指弾しながらでも、自分自身に問うしかないのだ。自分はいかなる条件によって護られていたのか、と。

これまで永山則夫について書いた文章のすべてをここにまとめた。永山に関する書物は世に多いが、私はあくまで文学の立場を貫いたつもりである。

俳句と「板柳訪問」を冒頭に配したほかは発表順に並べた。「文芸評論」として最も重要なのは「作家の誕生」と「永山則夫と小説の力」の二篇だが、永山に対する私の心情が、「感傷」も含めて最もよく滲んでいるのは「板柳訪問」と永山ゆかりの地で詠んだ俳句である。

同じことを幾度も書いている気もするが、本書は私自身の偽らざる「記録」でもあるので、重複を厭わずそのまま載せた。加筆も誤記誤脱の修正を中心に数ヶ所にとどめた。『華』の解説文には一つだけ注釈を入れた。

東京新聞に書いた匿名コラム「大波小波」まで載せたのは異例だろう。本書が私自身の「記録」である以上、除外したくなかったのである。私が「大波小波」を担当したのは、一九九〇年の一月から九月まで。担当してまもなく永山の「文芸家協会入会申請問題」が起こったのも、私と永山との奇妙な「縁」だったかもしれない。「善人とボケ」は私が書いた最後の「大波小波」である。

永山についてはまだまだ書くべきことがあるような気がしていたし、「新宿ノート」のことなども気にかかってはいる。だが、読み返してみて、必要なことはすべて書いたような気もする。

なお、永山をめぐる私の発言には、本書に収めたほかに、秋山駿へのインタビュー「人を殺す手の中を流れる形にならない言葉」（「文藝」一九九七年冬季号、後に「文藝別冊〔完全特集〕永山則夫」一九九八年三月発行、さらに「文藝別冊　総特集　永山則夫〈増補新版〉」二〇一三年八月発行、に再録）、および絓秀実との対談「文芸家たちのスラップスティック」（「早稲田文学」一九九〇年九月号）があるが、それらは割愛し、書いたものだけを集めた。

一九九七年八月一日の永山の刑死から今年はちょうど二十年になる。以前から永山についての文章を一冊にまとめないかと勧めてくれる人もあったが踏ん切りがつかずにいた。ようやく、まとめるなら今年しかないと思い始めた矢先の一月、ある席で偶然にも詩人の鈴木比佐雄氏にお会いした。鈴木氏の名前は、文芸家協会を退会した直後に詩を載せた雑誌など（だったと思う）を送ってくださった方として記憶していた。話はたちまちまとまって、氏の経営するコールサック社から出してくれるというし解説まで書いてくれるという。発行日も永山処刑日の八月一日にしてもらうことにした。永山則夫がつないでくれた「縁」というものだ。人付き合いには不精な私だが（だからこそというべきか）、こういう「縁」は信じることにしている。

最後に、私を永山に引き合わせ本書の文章の多くを執筆する機会も与えてくれた阿部晴政氏、永山の身柄引受人として心労を重ねられながら死刑確定後も通信を媒介してくださった井戸秋子氏、永山の遺品を管理・展示しながら永山の遺志を継いでペルーのストリート・チルドレンへのチャリティー活動を続けておられる市原みちえ氏、三氏に心からの謝意を表しておきたい。

二〇一七年六月末　　井口識

井口時男　（いぐち　ときお）

１９５３年、新潟県（現南魚沼市）生れ。１９７７年、東北大学文学部卒。神奈川県の高校教員を経て１９９０年から東京工業大学の教員。２０１１年３月、東京工業大学大学院教授を退職。１９８３年「物語の身体――中上健次論」で「群像」新人文学賞評論部門受賞。以後、文芸批評家として活動。文芸批評の著書に、『物語論／破局論』（１９８７年、論創社、第一回三島由紀夫賞候補）、『悪文の初志』（１９９３年、講談社、第二二回平林たい子文学賞受賞）、『柳田国男と近代文学』（１９９６年、講談社、第八回伊藤整文学賞受賞）、『批評の誕生／批評の死』（２００１年、講談社）、『危機と闘争――大江健三郎と中上健次』（２００４年、作品社）、『暴力的な現在』（２００６年、作品社）、『少年殺人者考』（２０１１年、講談社）など。共著に『文学を科学する』（１９９６年、朝倉書店）。句集に『天來の獨樂』（２０１５年、深夜叢書社）。

石炭袋

井口時男
『永山則夫の罪と罰 ――せめて二十歳のその日まで』

2017年8月1日初版発行
著　者　　　井口　時男
編集・発行者　鈴木比佐雄
発行所　　　株式会社コールサック社

〒173-0004　東京都板橋区板橋 2-63-4-209 号室
電話　03-5944-3258　FAX　03-5944-3238
suzuki@coal-sack.com　http://www.coal-sack.com

郵便振替　00180-4-741802
印刷管理　株式会社コールサック社　製作部

装丁＝奥川はるみ

ISBN978-4-86435-299-4　C1095　￥1500E